Für Dich

Die Deutsche Nationalbibliothek verzeichnet diese Publikation in der Deutschen Nationalbibliografie; detaillierte bibliografische Daten sind im Internet über www.dnb.de abrufbar.

Nie wieder Schreibblockade: 120 geniale Schreibtipps für Studienarbeiten und wissenschaftliche Texte von Tim Reichel

Studienscheiss UG (haftungsbeschränkt)
Rathausstr. 24 B, 52072 Aachen
kontakt@studienscheiss.de
Geschäftsführer: Dr. Tim Reichel, M.Sc.
Registergericht: Amtsgericht Aachen
Registernummer: HRB 19105
USt-IdNr.: DE295455486

Erste Auflage, September 2020

© 2020 Studienscheiss Verlag, Aachen

ISBN: 978-3-946943-68-6 Print (Softcover)
ISBN: 978-3-946943-69-3 E-Book (PDF)
ISBN: 978-3-946943-70-9 E-Book (EPUB)
ISBN: 978-3-946943-71-6 E-Book (MOBI)

Lektorat: Claudia Henning, Köln / Katja Schulten, Köln
Korrektorat: Sara Dörwald, Steinhagen
Umschlaggestaltung: Melanie Schwarz, Aachen
Umschlagmotiv: Wiktoria Matynia, javerman / shutterstock.com
Layout und Satz: Tim Reichel, Aachen
Foto: Sajoscha Blinn, Bottrop
Herstellung: CPI, Ulm
Printed in Germany

www.studienscheiss.de

Nie wieder Schreibblockade!

120 geniale Schreibtipps für Studienarbeiten und wissenschaftliche Texte

Tim Reichel

Inhalt

„Auch eine schwere Tür hat nur einen kleinen Schlüssel nötig."

$\bigcirc$ *Charles Dickens*

Start

Nichts geht mehr

Du gibst auf. Seit zwei Stunden starrst du schon auf das leere Dokument vor dir. Dein Monitor hat zwischenzeitlich in den Energiesparmodus umgeschaltet, aber dir ist immer noch kein guter Satz eingefallen. In wenigen Wochen muss deine Studienarbeit fertig sein – doch wenn es so weitergeht, wird daraus nichts. Deine anfängliche Euphorie ist verflogen. Erst warst du motiviert, dann genervt und jetzt bist du wütend. Wütend, dass du nicht weiterkommst. Wütend, dass dir nichts einfällt. Wütend auf dich selbst. Dabei fing alles so gut an: das Gespräch mit deinem Betreuer, die Themenfindung, der Literaturüberblick, die ersten geschriebenen Absätze. Alles schien wie am Schnürchen zu laufen.

Doch dann kam sie: die Schreibblockade.

Nichts geht mehr. Kein einziges Wort bringst du zu Papier – egal, wie sehr du dich auch anstrengst. Aber ich kann dich beruhigen: Du bist nicht allein. So wie dir geht es tausenden Studentinnen und Studenten in jedem Semester. Jetzt, in diesem Moment, verzweifelt ein ambitionierter Autor an seinem Text. Ich kenne keinen Studenten, keine Wissenschaftlerin und generell keinen schreibenden Menschen, der gegen Schreibblockaden immun ist. Jeder ist von dieser Pandemie betroffen. Solche Quälgeister kommen manchmal aus dem Nichts. Sie können sich über mehrere Tage oder gar Wochen bei dir einnisten und verhindern mit großer Ausdauer die Entstehung wichtiger Texte.

Eine Schreibblockade ist ein schizophrener Zustand. Eigentlich möchtest du schreiben; du kannst aber nicht. Irgendetwas hält dich zurück. Es ist wie eine innere Kraft, die gegen dich und deine Ziele arbeitet. Diese Schreibhemmungen können verschiedene Ursachen haben: zu hohe Ansprüche, falsche Strategie, Angst vor dem Scheitern usw. Das Ergebnis ist jedoch immer gleich: Du sitzt vor deinem Computer, kannst nicht schreiben und ärgerst dich. Studenten sind besonders häufig betroffen. Nicht, weil sie überdurchschnittlich unfähig sind, sondern weil ihnen niemand beigebracht hat, wie man schreibt. Natürlich ist ihnen die deutsche Grammatik bekannt und sie sind imstande, einen Gliedsatz zu konstruieren, aber sie kennen in der Regel nicht die geeigneten Schreibtechniken, um effizient und zielorientiert einen wissenschaftlichen Text abzuliefern. Selbst wenn sie über dieses Wissen verfügen, bedeutet das noch lange nicht, dass sie es klug einsetzen können. Oft lassen sie sich von kleinen Hindernissen aufhalten und verlieren durch unvorhergesehene Schwierigkeiten die Übersicht. Dadurch werden sie von einer Schreibblockade zur nächsten getrieben. Ihnen fehlt entweder die Erfahrung, ihr Können gezielt abzurufen oder die nötige Motivation, um auch in Stresssituationen zur menschlichen Schreibmaschine zu werden.

Leider führen Schreibblockaden häufig in einen Teufelskreis. Dadurch, dass dein Schreibprozess ins Stocken gerät, verlierst du wertvolle Zeit. Dies erhöht den Druck auf dich, was wiederrum deine Schreibblockade manifestiert. Am Ende wirst du von einer Kombination aus Angst und Aggression beherrscht, die dich so sehr verkrampfen lässt, dass du an dir und deinen Fähigkeiten zweifelst. Viele Studenten geben in solch einer Situation auf. Weil sie keinen Ausweg aus ihrer Schreibblockade sehen, greifen sie zu unerlaubten Hilfsmitteln, lassen ihren Text von einer anderen Person schreiben oder brechen ihre Studienarbeit ab. All das muss nicht sein, denn es gibt viele Wege, wie du deine Schreibblockade überwinden kannst.

Welche das sind, zeige ich dir in diesem Buch.

Das Ende deiner Schreibblockade

Guten Tag, ich heiße Tim Reichel und mit diesem Buch werde ich dir dabei helfen, deine Studienarbeit fertigzustellen. Wie? Indem ich dir zeige, wie du deine Schreibblockade mit ein paar einfachen Tricks loswerden kannst und die Angst vorm wissenschaftlichen Schreiben verlierst. Schreiben ist nämlich ganz einfach – wenn man weiß, wie es geht. Leider gibt es so gut wie keine brauchbaren Anleitungen für junge Menschen, die zum ersten Mal wissenschaftlich arbeiten. Selbst die Hochschulen scheinen sich nicht darum zu kümmern. Deshalb habe ich selbst einen modernen Schreibratgeber verfasst, in dem ich dir zeige, wie du dich schnell und dauerhaft zum Schreiben motivieren kannst. Ist dieses Buch praxistauglich? Aber hallo! Diesen Kapitelanfang habe ich zum Beispiel mithilfe der Techniken Nr. 48 (*Schreibe nur für dich!*), Nr. 65 (*Führe ein Beispiel an!*) und Nr. 115 (*Beantworte Fragen!*) geschrieben. Denn Kapitelanfänge sind besonders knifflig und lösen häufig eine erste Schreibhemmung aus. Aber damit ist jetzt Schluss. Wenn du dieses Buch gelesen hast und die vorgestellten Methoden anwendest, haben Schreibblockaden zukünftig keine Chance mehr.

An diesem unkonventionellen Einstieg kannst du schon erahnen, was ich auf den folgenden Seiten mit dir vorhabe. Du wirst verschiedene Strategien kennenlernen, die dir dabei helfen, deine Schreibblockade zu besiegen. Den Kampf gegen deine inneren Dämonen gehen wir jedoch gemeinsam an. Wir arbeiten dabei als Team zusammen: Du siehst deiner Schreibblockade direkt in die Augen und machst dich bereit zum Gefecht, während ich dir eine Waffe nach der anderen in die Hand drücke. Du probierst die verschiedenen Werkzeuge aus, testest was funktioniert und sobald du ein Mittel gefunden hast, geht es los: Satz für Satz schreitest du voran, bis du auch das letzte Kapitel mit Bravour fertiggestellt hast. Einer ausgezeichneten Studienarbeit steht dann nichts mehr im Weg!

Doch warum solltest du mir glauben? Nun, ich habe nicht nur selbst zahlreiche Studienarbeiten verfasst (u.a. eine Bachelorarbeit, Masterarbeit und Doktorarbeit), sondern auch als wissenschaftlicher Mitarbeiter an der RWTH Aachen über 20 Abschlussarbeiten betreut. Ich weiß, welche Herausforderungen das Schreiben einer Studienarbeit mit sich bringt – und wie man diese Probleme löst. Doch das ist noch nicht alles: Während des

Entstehungsprozesses dieses Buches habe ich mehr als 50 Fachbücher über wissenschaftliches Schreiben durchgearbeitet. Ich habe mich durch die deutsche und englischsprachige Fachliteratur gekämpft und die besten Strategien gegen Schreibblockaden für dich gesammelt. Nebenbei bemerkt ist dies mein 15. Buch, das innerhalb von fünf Jahren erschienen ist. Mittlerweile habe ich aufgehört mitzuzählen, wie oft ich es schon mit einer Schreibblockade zu tun hatte. Ich kenne das Ringen mit sich selbst, den Selbsthass nach einem unproduktiven Tag und das erlösende Gefühl, wenn es endlich weitergeht. Die Essenz aus meiner persönlichen Erfahrung und meiner langjährigen Arbeit gebe ich in diesem Buch an dich weiter.

Gegen Schreibblockaden helfen keine neunmalklugen Binsenweisheiten oder weichgespülten Ansätze wie „Lass deinen Gedanken Zeit" und „Geh spazieren". Wir beide wissen, dass dieser Schwachsinn nicht funktioniert. Was du wirklich brauchst, sind schlagkräftige Methoden, die dich sofort zum Schreiben bringen – ohne große Vorbereitung und unnötig lange Umschreibungen. Du brauchst Schreibtechniken mit Wumms, die dir auch bei langweiligen Themen und komplizierten Sachverhalten gute Dienste leisten. Gleichzeitig müssen sie eine hohe wissenschaftliche Qualität deines Textes sicherstellen und dafür sorgen, dass du dein übergeordnetes Ziel im Blick behältst.

Genau das wird dieses Buch liefern.

Und zwar unabhängig davon, ob du gerade an der ersten Hausarbeit sitzt, eine Bachelorarbeit schreiben musst oder deine Dissertation vor der Brust hast. Es spielt keine Rolle, ob du Medizin, BWL, Ingenieurwesen, Geschichte, Lehramt, Brauereitechnik oder Jura studierst: Die 120 Schreibtipps, die ich dir in diesem Buch zeigen werde, kannst du universell anwenden. Vorwissen oder besonderes Talent zum Schreiben sind nicht erforderlich. Wissenschaftliches Schreiben hat ohnehin wenig mit Talent zu tun. Es ist vielmehr ein Handwerk, welches jeder Mensch erlernen kann. Doch wie bei allen Fähigkeiten gibt es auch hier Abkürzungen. Damit du nicht alles allein herausfinden und jeden Fehler selbst machen musst, bekommst du von mir eine Komplettlösung für deine Studienarbeit. Ein besseres Rüstzeug gegen Schreibblockaden gibt es nicht.

Wie dir dieses Buch helfen wird

Alle Studentinnen und Studenten träumen davon, auf Knopfdruck schreiben zu können. Doch kleine Motivationsprobleme bis hin zu ausgewachsenen Schreibblockaden sind fester Bestandteil eines jeden Schreibprozesses. Es geht nicht um die Frage, ob eine Blockade auftritt – sondern wann und wie lange sie bestehen bleibt. Dabei ist es egal, ob du gerade erst mit deiner Studienarbeit begonnen hast, mittendrin bist oder dich auf den letzten Seiten befindest. Wichtig ist nur eines: Wenn eine Schreibblockade zuschlägt, musst du schnell und entschlossen reagieren. Du musst deinen Schreib-Flow verteidigen und – ohne viel Zeit zu verlieren – zurück in die Spur finden.

Wie dir das gelingt, lernst du auf den folgenden Seiten.

Um genau zu sein, zeige ich dir 120 praxiserprobte Strategien, mit denen du jede noch so hartnäckige Schreibblockade überwinden kannst. Du wirst lernen, wie du deine Studienarbeit clever organisieren und deinen Text so gestalten kannst, dass die Schreibarbeit fast von allein abläuft. Auf theoretische Abhandlungen und tiefgründige Hintergrundinformationen habe ich dabei verzichtet. Stattdessen zeige ich dir ausschließlich konkrete Methoden, die du sofort anwenden kannst. Das unterscheidet dieses Buch von allen bisherigen Ratgebern zu diesem Thema. Weil jeder Mensch beim Schreiben anders tickt, habe ich einen möglichst vielfältigen Fundus an Tipps und Tricks für dich zusammengestellt. Pick dir einfach die Techniken heraus, die dich am meisten ansprechen und wende sie an.

Schreibblockaden lösen sich leider nicht auf, indem du nur etwas über sie liest. Das heißt: Du musst dafür arbeiten. Wenn du dieses Buch nur liest und anschließend gemütlich die Hände in den Schoß legst, wird nicht viel passieren. Gar nichts, um genau zu sein. Ich möchte nicht, dass du die Ratschläge liest, zweimal nickst und dann so weitermachst wie bisher. Stattdessen wünsche ich dir, dass du deine Schreibgewohnheiten positiv verändern kannst; ich möchte, dass du dich nicht unterkriegen lässt, daran wächst und erfolgreich wirst. Die Tipps aus diesem Buch funktionieren nur dann, wenn du selbst aktiv wirst. Du musst handeln und das Gelesene in die Tat umsetzen. Den Weg dorthin habe ich dir allerdings so einfach wie möglich gemacht.

Die 120 Schreibtipps habe ich thematisch geordnet und in Kategorien eingeteilt. Insgesamt ergeben sich daraus zwölf Kapitel, die jeweils zehn konkrete
Strategien gegen Schreibblockaden beinhalten:

- ✔ Mindset
- ✔ Organisation
- ✔ Umfeld
- ✔ Technik
- ✔ Kapitelanfänge
- ✔ Satzanfänge
- ✔ Zusatzelemente
- ✔ Kapitelabschlüsse
- ✔ Inspiration
- ✔ Werkzeuge
- ✔ Externe Hilfe
- ✔ Motivation

Diese 120 Methoden habe ich nach einem festen Muster aufgebaut, damit
du noch schneller zum Ziel kommst. Dazu ist jede Schreibtechnik auf einer
Seite komprimiert dargestellt und in folgende Abschnitte gegliedert:

✿ Technik

Prägnante Darstellung der Schreibtechnik für ein schnelles Verständnis –
ohne Ausschweifungen und unnötige Erläuterungen.

✎ Anleitung

Konkrete Handlungsanleitung und motivierende Aufgaben inklusive Leitfragen, damit du die neuen Strategien direkt anwenden kannst.

★ Beispiele

Passende Anwendungsbeispiele für deine Studienarbeit, die die jeweilige
Methode aufgreifen und dir zeigen, wie das zuvor Beschriebene in der Praxis
funktioniert.

Generell habe ich versucht, lange Umschreibungen und überladene Textpassagen wegzulassen. So etwas ist langweilig und bremst nur deinen Lesefluss. Stattdessen habe ich mich auf das Wesentliche konzentriert und die wichtigsten Aspekte kurz und knapp dargestellt. So kannst du direkt loslegen und dieses Buch optimal nutzen.

Eine Sache noch: Die Tipps in diesem Buch sind nach einer festen Logik geordnet. Das heißt aber nicht, dass du sie zwingend in dieser Reihenfolge lesen, bearbeiten und umsetzen musst. Du hast die Wahl: Entweder gehst du das Buch chronologisch durch oder wählst zufällig das nächste Kapitel aus und entscheidest nach Bedarf. Meine Empfehlung: Überfliege das Buch zuerst, blättere es durch, verschaffe dir einen Überblick, teste einige Schreibtechniken und entscheide dann, ob du dich frei bewegen oder lieber dem Inhaltsverzeichnis folgen möchtest. Beide Wege sind gut und führen zum Ziel.

Zusätzlich zu den 120 Schreibtipps habe ich einige Bonusinhalte für dich zusammengestellt, die dir die Arbeit mit diesem Buch erleichtern werden. Diese Sammlung enthält Zusatzinformationen, unterstützende Vorlagen und einige Bonustipps, die es aus Platzmangel nicht in das Buch geschafft haben. Diese Zugabe schenke ich dir. Unten auf dieser Seite findest du einen Link, über den du an die Inhalte kommst. Du gelangst dort auf meine Website und kannst dich für den entsprechenden Verteiler anmelden – natürlich kostenlos. Meine Empfehlung: Hol dir das Bonusmaterial jetzt direkt, damit dir das Lesen und Bearbeiten dieses Buches so leicht wie möglich fällt. Damit sollte deinem Erfolg nichts mehr im Weg stehen.

Und jetzt: Lass uns anfangen!

Hol dir hier das Bonusmaterial zum Buch ab:

www.studienscheiss.de/bonus-schreibblockade

Kapitel 1

Mindset

⊿ Einleitung

Schreiben ist Kopfsache. Damit meine ich nicht, dass das Verfassen einer Studienarbeit überdurchschnittliche Intelligenz erfordert. Natürlich ist es hilfreich, wenn du dich mit deinem Thema gut auskennst. Doch entscheidend für deinen Erfolg ist etwas anderes: die richtige Denkweise (englisch: Mindset). Nur mit einem klaren Geist und einer optimistischen Einstellung kannst du deine Studienarbeit optimal bewältigen. Leider werden von den meisten Hochschulen hauptsächlich die technischen Aspekte des wissenschaftlichen Schreibens vermittelt. Die mentalen Herausforderungen, die im Zuge einer Studienarbeit auftreten, werden hingegen gar nicht oder nur stiefmütterlich betrachtet. Das ist jedoch ein großer Fehler, denn die meisten Schwierigkeiten beim Schreiben lassen sich auf eben jenen Bereich zurückführen. Schreibblockaden haben fast immer einen psychologischen Hintergrund und können mit einfachen mentalen Strategien überwunden werden. Wie dir das gelingt, lernst du in diesem Kapitel.

♀ Tipps

Mit dem richtigen Mindset haben Schreiblockaden keine Chance. Mithilfe der folgenden Methoden bereitest du dich mental auf deine Studienarbeit vor und kannst einen effizienten Schreibprozess starten:

- ✔ Starte einen Neuanfang!
- ✔ Denke in Schritten!
- ✔ Vertraue auf den Prozess!
- ✔ Ändere deine Denkweise!
- ✔ Wirf deine Erwartungen über Bord!
- ✔ Erwürge deinen inneren Kritiker!
- ✔ Beziehe dein Unterbewusstsein mit ein!
- ✔ Nutze mentale Bilder!
- ✔ Lege dir eine neue Identität zu!
- ✔ Sprich über deine Schreibblockade!

Starte einen Neuanfang!

⚙ Technik

Wie eingangs beschrieben, ist eine Schreibblockade ein Teufelskreis: Erst gelingt es dir nicht, mit dem Schreiben zu beginnen. Dadurch baut sich Druck auf, der wiederum deine Blockade verstärkt und dafür sorgt, dass du erst recht nicht schreiben kannst. Mit der Zeit wird dieser destruktive Kreislauf dann immer stärker, bis du schließlich vollständig blockiert und demotiviert bist. Der einzige Ausweg aus dieser mentalen Misere ist ein Neuanfang.

Mach dir dazu eine Sache klar: Egal, in welcher Lage du dich gerade befindest, du hast immer die Möglichkeit, im nächsten Moment von vorne zu beginnen. Völlig unabhängig davon, was vor einer Minute, gestern oder in den vergangenen fünf Jahren passiert ist. All das zählt nicht. Lass Rückschläge, verpasste Chancen und Fehler hinter dir. Verzeih dir mögliche Fehltritte und starte augenblicklich einen neuen Lebensabschnitt. Ohne Schuldgefühle, ohne Altlasten. Du kannst die Vergangenheit ohnehin nicht mehr ändern und auch die verstrichene Zeit nicht zurückholen – passiert ist passiert. Konzentriere dich stattdessen auf das Hier und Jetzt. Bereite deinen persönlichen Neuanfang noch in diesem Moment mit einer kleinen, konkreten Anfangshandlung vor und lege damit den Grundstein für eine erfolgreiche Zukunft.

✎ Anleitung

Starte einen Neuanfang für deine Studienarbeit! Lass vergangene Probleme hinter dir und nimm dir fest vor, ab sofort alles besser zu machen. Wie kannst du einen Neuanfang einleiten? Mit welchem konkreten Etappenziel kannst du starten? Was kannst du sofort umsetzen?

★ Beispiele

Ich beginne sofort mit der Recherche für meine Studienarbeit und finde fünf relevante Quellen.

Ich lese sofort drei wichtige Artikel für meine Studienarbeit und fasse deren Kernaussagen zusammen.

Ich schreibe sofort einen Absatz für meine Studienarbeit und höre nicht eher auf, bis ich eine halbe Seite geschafft habe.

Denke in Schritten!

✿ Technik

Eine Studienarbeit als Ganzes ist eine große Aufgabe. Eine sehr große sogar. Für viele Studentinnen und Studenten stellt sie die anspruchsvollste Herausforderung ihrer bisherigen Karriere dar – mit entsprechender Wirkung: So umfangreich, wie eine Studienarbeit erscheint, so lähmend kann sie sich auf deine Motivation auswirken. Das ist der perfekte Nährboden für Schreibblockaden.

Zu große Aufgaben wirken abschreckend und erschweren das Anfangen. Dieses Problem beseitigst du, indem du deinen Text aufteilst und in kleine Zwischenziele herunterbrichst. Dabei unterteilst du deine große Studienarbeit in viele kleinere Schreibziele und widmest dich dann einem Mini-To-do nach dem anderen. Gewöhne dir dabei an, in Schritten zu denken und deinen Text nicht mehr als Ganzes zu sehen. Je kleiner die einzelnen Schritte sind, desto größer ist die Wahrscheinlichkeit, dass du nicht blockiert wirst. Die Gesamtheit behältst du natürlich im Blick – für die Durchführung spielt sie aber keine Rolle mehr.

✎ Anleitung

Denke in Schritten und teile deine Studienarbeit in feine Segmente auf! Arbeite dich dann Schritt für Schritt nach vorne. Wie kannst du deine Studienarbeit aufteilen? Mit welchem Schritt kannst du anfangen? Wie klein müssen die Schritte sein, um Schreibblockaden zu vermeiden?

★ Beispiele

Denke nur an das aktuelle Kapitel: Kümmere dich erst um Kapitel 1, dann um Kapitel 2, dann um Kapitel 3 usw.

Denke nur an den nächsten Abschnitt: Teile die Kapitel deiner Studienarbeit zusätzlich in Sinnabschnitte ein und nimm dir davon einen nach dem anderen vor.

Denke nur an den nächsten Satz: Richte deine Aufmerksamkeit nur auf einen einzigen Satz. Denke nicht über den Aufbau des Abschnitts oder des ganzen Kapitels nach, sondern hangle dich von Satz zu Satz.

Vertraue auf den Prozess!

✿ Technik

Schreibblockaden sind so ähnlich wie Seitenstiche beim Joggen. Wenn du ungeübt bist oder eine längere Strecke als sonst läufst, blockiert dein Körper. Deine Muskeln schmerzen und du bekommst schlecht Luft. Dies ist jedoch nichts anderes als ein Schutzmechanismus, der dich vor zu großen Belastungen bewahren soll. Wenn du langsam und bewusst weitermachst, verschwinden die Blockaden. Genauso ist es beim Schreiben. Wie beim Sport ist auch das Schreiben ein Prozess. Wenn du diesen bisher nicht regelmäßig ausgeübt hast, brauchst du eine gewisse Zeit, um in Form zu kommen. Schreibblockaden sind ein ganz natürlicher Bestandteil dieser Entwicklung.

Texte müssen manchmal reifen und es ist normal, wenn du während einiger Phasen gar nichts auf das virtuelle Blatt Papier bringst. Dann darfst du allerdings nicht in Panik verfallen oder dir einreden, wie schlecht und dumm du bist. Du musst ruhig bleiben und auf den Prozess vertrauen. Wenn du dranbleibst, konzentriert arbeitest und deinen Gedanken Zeit lässt, wirst du es letztendlich schaffen. Natürlich geht es einfacher, wenn du einen klugen Plan verfolgst, dein Zeitmanagement im Griff hast und einige Schreibtechniken beherrschst (darum kümmern wir uns in den weiteren Kapiteln noch). Mach dir jedoch zuerst klar, dass Schreibblockaden kein Zeichen für mangelndes Talent oder Faulheit sind. Sie gehören zum Schreibprozess dazu und verschwinden genauso schnell, wie sie gekommen sind.

✎ Anleitung

Akzeptiere, dass Schreibblockaden ein Teil des Prozesses sind und vertraue darauf, dass du am Ende erfolgreich sein wirst! Wie kannst du dein Vertrauen stärken? Auf welche Handlungen kannst du dich fokussieren?

★ Beispiele

Vertraue darauf, dass du deine Studienarbeit rechtzeitig fertigstellen wirst.

Vertraue darauf, dass sich die einzelnen Teile deiner Studienarbeit am Ende gut zusammenfügen lassen.

Vertraue darauf, dass dir eine treffende Formulierung einfallen wird.

Ändere deine Denkweise!

✿ Technik

Viele Studentinnen und Studenten sehen ihre Studienarbeit als fest vor-geschriebene Verpflichtung. Sie *müssen* eine Seminararbeit schreiben. Sie *müssen* eine Hausarbeit abgeben. Sie *müssen* eine Masterarbeit ver-fassen. Dabei vergessen sie, dass sie sich ihr Studium selbst ausgesucht haben. Natürlich bringt ein Studium gewisse Pflichten mit sich und ja, es macht auch nicht immer Spaß. Dennoch hattest du die freie Wahl und dich ganz bewusst für diesen Weg entschieden. Dieser Gedanke kann deine Motivation grundlegend verändern. Führe deshalb die folgende Anpassung deiner inneren Sprache durch: Ersetze *müssen* durch *wollen*. Oder gehe noch einen Schritt weiter und ersetze *müssen* durch *dürfen*. Diese Änderung wirkt zunächst klein und unscheinbar – sie hat allerdings einen großen Ein-fluss auf deine mentale Grundausrichtung.

Jedes Mal, wenn du dir denkst „Ich *muss* heute noch schreiben", änderst du dein Gedankenmuster in „Ich *will* heute noch schreiben". Auf diese Weise machst du dir bewusst, dass deine Studienarbeit genau das ist, was du für dich ausgewählt hast (auch wenn das Schreiben manchmal nervig und an-strengend erscheint). Dein destruktives Unterbewusstsein, das lieber Netflix schauen oder Playstation spielen würde, hat keine Chance mehr, dich vom Schreiben abzuhalten. Mit nur einem Wort programmierst du deine Gedan-ken so um, dass Schreibblockaden gar nicht erst entstehen können.

✐ Anleitung

Pass deine Sprache an und ersetze *müssen* durch *wollen* oder *dürfen*! Warum möchtest du deine Studienarbeit fertigstellen? Aus welchen Grün-den studierst du? Was treibt dich an? Wie kannst du deine Verpflichtungen positiver formulieren?

★ Beispiele

Ich *darf* heute an meiner Studienarbeit schreiben.

Ich *will* den Fachartikel lesen und anschließend zusammenfassen.

Ich *möchte* heute Kapitel 4 fertigstellen.

Wirf deine Erwartungen über Bord!

✿ Technik

Erwartungen sind individuelle Zukunftsprognosen und nicht sehr hilfreich – besonders in Bezug auf deine Studienarbeit. Es liegt allerdings in der menschlichen Natur, unentwegt Erwartungshaltungen für die verschiedensten Szenarien aufzubauen. Das Problem ist nur: Sobald du eine Erwartung an dich oder an bestimmte Situationen aufgestellt hast, dient diese als Referenzzustand. Das heißt, dass du unterbewusst alles, was wirklich passiert, mit deiner Erwartung vergleichst. Das hat zwei große Nachteile. Wenn deine Erwartungen überaus optimistisch sind, wirst du enttäuscht, weil die Realität „hinter deinen Erwartungen" bleibt. Falls du hingegen nur sehr geringe Erwartungen aufbaust, bremst du dich selbst und lebst immer unter deinen persönlichen Möglichkeiten.

Übertragen auf deine Studienarbeit bedeutet das: Wenn du dich mit riesigen Erwartungen an dein Schreibgerät setzt, ist die Wahrscheinlichkeit groß, dass diese nicht erfüllt werden. Oder in der Gegenrichtung: Erwartest du von Anfang an, dass dich dein Text überfordert, schwindet dein Selbstvertrauen und deine Handlungsbereitschaft schrumpft auf ein Minimum. Prüfe daher regelmäßig, mit welcher Erwartungshaltung du schreibst – und lenke deinen Fokus bewusst um. Konzentriere dich auf den Schreibprozess und nicht auf mögliche Ergebnisse.

✎ Anleitung

Identifiziere deine Erwartungen an deine Studienarbeit – und lege sie ab! Was erwartest du von dir? Welche Erwartungen hast du an den Schreibprozess? Welche Note erwartest du?

★ Beispiele

Ich erwarte, dass ich heute mein Bestes geben werde, unabhängig davon, wie weit ich mit meiner Studienarbeit komme.

Mein Text muss beim ersten Mal nicht perfekt sein.

Es reicht, wenn ich heute einen Absatz schreibe; es müssen nicht 10 Seiten sein.

Erwürge deinen inneren Kritiker!

✿ Technik

Eigentlich könntest du deine Studienarbeit in einem Rutsch durchschreiben. Wäre da nicht diese Stimme in dir, die dir ständig sagt, wie schlecht dein Text doch sei und wie viel du besser machen könntest. Es ist dein innerer Kritiker, der so laut schreit, dass du nicht in Schwung kommst, ständig grübelst und Angst hast. Angst davor, Fehler zu machen. Angst davor, nicht gut genug zu sein. Angst davor, deinen eigenen Ansprüchen nicht zu genügen. Tue dir einen Gefallen: Erwürge diesen Kritiker. Rede ihm nicht gut zu, sondern sei radikal – und mach ihm den Garaus.

Gegen destruktive Selbstkritik hilft nur konsequentes Ignorieren. Mach es dir daher zur Gewohnheit, einfach draufloszuschreiben. Egal, ob gut oder schlecht. Mach einfach und hau in die Tasten. Es ist egal, wenn dein erster Entwurf nicht perfekt ist oder Fehler aufweist. Du kannst später immer noch korrigieren, Verbesserungen vornehmen oder kleine Schönheitskorrekturen durchführen – aber nicht am Anfang. Du musst erst einmal etwas abliefern. Danach kannst du deinen Text Schritt für Schritt optimieren. Versuchst du hingegen, direkt beim ersten Anlauf alles perfekt zu machen, ist es sehr wahrscheinlich, dass du nicht vom Fleck kommst.

✐ Anleitung

Ignoriere deinen inneren Kritiker und schreibe bewusst „unperfekt"! Welche Details kannst du zunächst auslassen? Worum kannst du dich später kümmern? Wie sieht dein Ergebnis aus, wenn du maximal 90 Prozent von dem gibst, was du sonst leistest?

★ Beispiele

Fasse die Kerngedanken eines wichtigen Papers zusammen, ohne dabei jede Einzelheit zu erwähnen – schreibe einfach.

Verfasse die Einleitung eines neuen Kapitels, ohne dabei auf eine exakte Sprache zu achten – schreibe einfach.

Schreibe einen Absatz deiner Studienarbeit, ohne dabei Korrekturen vorzunehmen oder Sätze nachträglich umzustellen – schreibe einfach.

Beziehe dein Unterbewusstsein mit ein!

✿ Technik

Dein Unterbewusstsein spielt beim Schreiben eine wichtige Rolle. Ungefähr 90 Prozent unserer täglichen Handlungen laufen unterbewusst ab. Gelingt es dir, nur einen kleinen Teil davon zu steuern, kommst du viel schneller mit deiner Studienarbeit voran und kannst Schreibblockaden ein für alle Mal auslöschen. Eine einfache Technik, um dein Unterbewusstsein zu beeinflussen, ist die Formulierung von Zielen anhand der 3-P-Regel. Auf diese Weise kannst du dein Mindset auf Erfolg programmieren und wirst fast automatisch mehr erreichen als sonst.

Die drei P stehen für: persönlich, positiv und Präsens. Deine Ziele müssen diese drei Eigenschaften erfüllen, um dein Unterbewusstsein zu aktivieren und die größte Wirkung zu entfalten. Jedes deiner Ziele sollte von nun an persönlich sein und mit dem Wort „ich" beginnen. Sobald dein Unterbewusstsein ein Kommando erhält, das mit dem Wort „ich" beginnt, macht es sich sofort an die Arbeit, um das Ziel zu verwirklichen. Außerdem sollten deine Ziele positiv formuliert sein. Das erhöht automatisch deine Motivation für eine Aufgabe und sorgt dafür, dass du gerne auf dein Wunschergebnis hinarbeitest. Zu guter Letzt solltest du deine Ziele im Präsens formulieren. Zielsetzungen, die in der Zukunft liegen, büßen einen großen Teil ihrer Antriebskraft ein. Nur bei Anweisungen im Präsens kommt dir dein Unterbewusstsein zu Hilfe.

✎ Anleitung

Formuliere mithilfe der 3-P-Regel Ziele, die dein Unterbewusstsein aktivieren! Wie kannst du dein Ziel persönlich, positiv und im Präsens beschreiben? Hast du mehrere Ziele? Welches ist das Wichtigste? Wie kannst du die 3-P-Regel jeden Tag einsetzen?

★ Beispiele

Ich schreibe an meiner Studienarbeit.

Ich schließe die Literaturrecherche ab.

Ich stelle Kapitel 5.2 fertig.

Nutze mentale Bilder!

✿ Technik

Eine besonders nützliche und kreative Technik gegen Schreibblockaden ist der Einsatz von sogenannten mentalen Bildern. Mentale Bilder sind bewusst platzierte Vorstellungen eines zukünftigen Wunschzustandes, die deine Motivation stärken. Dabei geht es hauptsächlich um die Visualisierung deiner Ziele: Sobald du dir deine Zukunft im Detail ausmalst und in Gedanken durchlebst, wie erfolgreich du sein wirst, entsteht eine starke Antriebskraft in dir, diesen Zustand auch wirklich zu erreichen.

Sobald dein Schreibprozess ins Stocken gerät oder du dich blockiert fühlst, schließt du kurz deine Augen und zeichnest ein mentales Bild. Stell dir im Detail vor, wie du fokussiert an deiner Studienarbeit schreibst oder ein ganzes Kapitel abschließt. Sieh dir selbst beim Schreiben zu. Fühle, wie du schreibst. Zieh dich einen Moment in eine Fantasiewelt zurück, lass dich von der produktiven Stimmung anstecken und kehre dann in die Realität zurück. Diese Methode wirkt schnell, verleiht dir neue Energie und verbessert dein Selbstvertrauen.

✐ Anleitung

Wähle ein Ziel mit Bezug zu deiner Studienarbeit aus und erstelle dazu ein mentales Bild! Visualisiere dein Ziel so lange, bis du von der Vorstellung so begeistert bist, dass du direkt den ersten Schritt zur Umsetzung unternehmen möchtest. Wie fühlst du dich, während du dein Ziel erreichst? Wie sieht dein Umfeld aus? Welche Handlungen kommen dir in den Sinn? Wie könntest du direkt mit der Umsetzung beginnen?

★ Beispiele

Stell dir vor, wie du an deinem Schreibtisch sitzt und konzentriert an deiner Studienarbeit schreibst.

Stell dir vor, wie du mühelos Kapitel nach Kapitel fertigstellst und dein kompletter Text sinnvoll ineinander übergeht.

Stell dir vor, wie du deine Studienarbeit präsentierst und ein Sonderlob von deiner Professorin oder deinem Professor erhältst.

Lege dir eine neue Identität zu!

✿ Technik

Studentinnen und Studenten, die selten oder bisher noch gar keinen wissenschaftlichen Text verfasst haben, leiden besonders häufig unter Schreibblockaden. Warum? Weil sie sich einreden, dass sie nicht schreiben können. Sie denken, dass ihre Fähigkeiten für dieses Projekt nicht ausreichen würden. Diese Studenten sehen sich nicht als Nachwuchswissenschaftler, sondern eher als Amateurschreiberlinge. Doch genau diese Denkweise führt dazu, dass sie Schwierigkeiten beim Schreiben haben und wichtige Aufgaben rund um ihre Studienarbeit immer wieder aufschieben. Dieses Problem ist in einer falschen Identität begründet.

Mit „Identität" ist diejenige Person gemeint, die du selbst in dir siehst. Es ist dein Selbstbild und legt den Grundstein dafür, wie du dich zukünftig entwickeln wirst. Wenn du dich als einen Menschen siehst, der nie gut in Deutsch war und ohnehin nicht gut formulieren kann, wirst du zwangsläufig Probleme beim Schreiben haben. Entscheidest du dich jedoch bewusst dafür, alte Glaubenssätze abzulegen und eine neue Identität anzunehmen, begegnest du deiner Studienarbeit ganz anders. Wenn du dich als Person siehst, die gerne schreibt, macht dir der Schreibprozess automatisch mehr Spaß. Siehst du dich als Person, die sich durchbeißt und nicht davor scheut, große Hürden zu überwinden, verbessert sich zwangsläufig dein Durchhaltevermögen. Entscheide dich daher bewusst für eine Identität, die deiner Studienarbeit zugutekommt.

✎ Anleitung

Rede dir nicht ein, dass du nicht gut schreiben kannst! Wirf alte Glaubenssätze über Bord und lege dir stattdessen eine neue Identität zu! Wer möchtest du gerne sein? Welche Eigenschaften zeichnen deine neue Identität aus? Welche Handlungen und Gewohnheiten prägen deine neue Identität?

★ Beispiele

Nimm die Identität eines Schriftstellers an, der professionell und gerne neue Texte erstellt.

Nimm die Identität einer Wissenschaftlerin an, die sorgfältig und kritisch komplexe Zusammenhänge analysieren kann.

Sprich über deine Schreibblockade!

✿ Technik

Eine Schreibblockade ist ein ernstes Problem. Und Probleme löst man am besten, indem man sie offensiv angeht. Manchmal reicht es schon, wenn du deine Schreibblocke offen unter Freunden oder Familienmitgliedern ansprichst und berichtest, womit du im Moment Schwierigkeiten hast. Dabei geht es nicht in erster Linie darum, konkrete Ratschläge einzusammeln oder Mitgefühl abzustauben – das hast du nicht nötig. Es ist vielmehr eine Art Selbsttherapie.

Indem du über deine Schreibblockade sprichst, machst du dein Problem öffentlich und räumst ihm damit einen großen Stellenwert in deinem Leben ein. Du machst es zur Chefsache und signalisierst, dass du die Schwierigkeiten erkannt hast und bereit dazu bist, sie zu lösen. Die Wirkung dieser Kommunikationsstrategie sieht auf den ersten Blick eher schwach aus, doch unterbewusst leistest du damit enorme Vorarbeit, um deine Schreibhemmung endgültig zu lösen. Sobald du dein Problem mit anderen Menschen geteilt hast, wirst du feststellen, dass du nicht allein bist und fast jeder schon einmal mit ähnlichen Herausforderungen zu kämpfen hatte. Ermutigung pur.

✎ Anleitung

Erzähle einem dir nahestehenden Menschen von deiner Schreibblockade! Wem könntest du dich anvertrauen? Wer hört dir zu, anstatt nur seine eigenen Interessen in den Vordergrund zu stellen?

★ Beispiele

Bitte deine Lieblingskommilitonen um ein Treffen und schildere ihnen dein Problem. Erkundige dich, ob sie schon ähnliche Situationen durchgemacht haben und was ihnen dabei geholfen hat.

Alternativ kannst du deine Erfahrungen auch aufschreiben und in Form eines Tagebucheintrags verarbeiten. Diese Verschriftlichung wirkt nicht ganz so stark wie ein Austausch mit anderen Menschen, kann dich aber in einem ähnlichen Maß beflügeln. Spezielle Leitfragen dazu findest du im Bonusmaterial.

Kapitel 2

Organisation

⊲ Einleitung

Wissenschaftliches Schreiben ist eine komplexe Angelegenheit. Viele handwerkliche Details sowie inhaltliche und sprachliche Elemente müssen stimmig in Einklang gebracht werden, um einen sehr guten Text zu produzieren. Das bedeutet jedoch nicht, dass es besonders schwierig ist oder überdurchschnittliche Fähigkeiten erfordert – es geht vielmehr darum, dass du beim Schreiben strukturiert und organisiert vorgehst. Du brauchst einen Plan und solltest dich nicht kopflos vor die Tastatur setzen. Auf diese Weise würdest du schon nach kurzer Zeit die Orientierung verlieren, wichtige Informationen vergessen und unsauber arbeiten. Im schlimmsten Fall müsstest du später große Teile deiner bisher geleisteten Arbeit aufgeben und ganze Kapitel umschreiben oder gar erneut verfassen. Solche Szenarien sind der perfekte Nährboden für Schreibblockaden. Mit der richtigen Organisation kannst du derartige Probleme vermeiden und für produktive Arbeitsbedingungen sorgen, die dich eine Seite nach der anderen schreiben lassen.

♀ Tipps

Lege beim Schreiben großen Wert auf eine kluge und effektive Organisation, damit du deine bestmögliche Leistung erbringen kannst. Die folgenden Tipps bringen Struktur in deinen Schreibprozess:

- ✔ Bestimme konkrete Schreibziele!
- ✔ Definiere Zwischenziele und Fristen!
- ✔ Erstelle einen Schreibplan!
- ✔ Schreibe zu festen Zeiten!
- ✔ Bilde Strukturfließbilder!
- ✔ Arbeite mit Mindmaps!
- ✔ Behalte dein Global Picture im Blick!
- ✔ Betreibe kluges Datenmanagement!
- ✔ Trenne Recherchieren vom Schreiben!
- ✔ Redigiere erst zum Schluss!

Bestimme konkrete Schreibziele!

✿ Technik

Ohne konkrete Ziele kommst du beim Schreiben nicht vom Fleck. Dein Zeitmanagement ist von vornherein zum Scheitern verurteilt und deine Motivation verpufft in Windeseile, wenn du deine Energie nicht zielgerichtet einsetzt. Erst konkrete Schreibziele sorgen dafür, dass du deine Arbeit konzentriert und strukturiert erledigen kannst. Indem du festlegst, was du genau erreichen möchtest, kannst du kluge Prioritäten setzen, Ablenkungen ausblenden und die richtigen Schritte auf deinem Weg unternehmen. Nur so kannst du herausragende Ergebnisse erzielen.

Dazu ist es hilfreich, zunächst ein übergeordnetes Ziel für deine Studienarbeit zu definieren. Was möchtest du mit deiner Arbeit erreichen? Welche Note möchtest du erhalten? Wie soll das Ergebnis deiner schriftlichen Ausarbeitung später aussehen? Zeichne ein möglichst genaues Bild von diesem Zustand und schreibe es auf, damit du es dir immer wieder vor Augen führen kannst. Aber auch mittel- und kurzfristige Ziele sind wichtig für deinen Erfolg beim Schreiben. Diese Etappenziele helfen dir dabei, deinen Arbeitsprozess zu steuern. Zudem stellen sie sicher, dass du fokussiert und motiviert bleibst. Was wirst du heute für deine Studienarbeit tun? Wie lautet dein Ziel für diese Woche? Welche Monatsziele möchtest du erreichen? Formuliere deine kurz- und langfristigen Ziele immer schriftlich – so ist ihre Wirkung am stärksten.

✏ Anleitung

Definiere ein übergeordnetes Ziel und drei Etappenziele für deine aktuelle wissenschaftliche Arbeit! Halte deine Ziele schriftlich fest und platziere sie gut sichtbar an deinem Arbeitsplatz. Sind deine Ziele konkret? Sind sie realistisch? Hast du einen zeitlichen Rahmen berücksichtigt?

★ Beispiele

Ich schreibe heute mindestens fünf Seiten meiner Studienarbeit.

Bis 12 Uhr habe ich die Einleitung meines Kapitels fertiggestellt.

Am 31.12. stelle ich Kapitel 5 fertig.

Definiere Zwischenziele und Fristen!

✿ Technik

Kennst du das Parkinson'sche Gesetz? Die Beobachtung des bekannten Soziologen Cyril Parkinson besagt: „Eine Aufgabe dehnt sich in genau dem Maß aus, wie Zeit für ihre Erledigung zur Verfügung steht." Für deine Situation heißt das: Wenn du ein Ziel für deine Studienarbeit bestimmst, dieses aber nicht zeitlich eingrenzt, wird sich die Bearbeitungsdauer so lange ausdehnen, bis du auf eine von außen vorgegebene Frist stößt – und dir keine Zeit mehr bleibt. Dein Ergebnis wird dadurch nicht besser; du arbeitest lediglich ineffizient, verlierst dich in irrelevanten Details und vertrödelst auf diese Weise wertvolle Zeit.

Zwei Dinge helfen dir dabei, diese unproduktive Arbeitsweise zu verhindern: Zwischenziele und Fristen. Zwischenziele (oder sogenannte „Meilensteine") sind wichtig für deinen langfristigen Erfolg. Beispielsweise könnten die Erstellung einer Abbildung oder die Fertigstellung eines ganzen Kapitels Meilensteine für deine Studienarbeit darstellen. Diesen Etappenzielen solltest du jeweils eine genaue Frist zuweisen, zum Beispiel: Fertigstellung am 4. März um 18:00 Uhr. Solch eine selbstauferlegte Deadline schärft deinen Fokus. Du wirst dazu gezwungen, dich auf die wichtigen Dinge zu konzentrieren, weil keine Zeit für Nebensächlichkeiten bleibt. Schreibblockaden haben dann deutlich seltener eine Chance, sich zwischen deine Termine zu mogeln.

✐ Anleitung

Definiere zehn Zwischenziele für deine Studienarbeit und weise jedem Ereignis eine Frist zu! Sind die Deadlines realistisch? Kannst du die Deadlines ambitionierter ansetzen? Fallen dir weitere Meilensteine ein? In welcher Reihenfolge solltest du deine Zwischenziele bearbeiten?

★ Beispiele

Bis 14:30 Uhr stelle ich Kapitel 3 fertig.

Spätestens am 10. Oktober schließe ich die Literaturrecherche ab.

Am 31. Oktober gebe ich meine Studienarbeit ab.

Erstelle einen Schreibplan!

✿ Technik

Schreibpläne sind strategische Werkzeuge und helfen dir bei der Umsetzung deiner Studienarbeit. Grundsätzlich geht es bei solch einer Planung darum, Ziele, Aufgaben und Meilensteine in konkrete Handlungen zu überführen und diese zeitlich festzulegen. Außerdem ist es wichtig, dass du den Überblick behältst und eine grobe Abfolge der einzelnen Arbeitsschritte bestimmst. Dazu empfiehlt sich der Einsatz eines sogenannten Gantt-Diagramms. Dieser Balkenplan stellt die zeitliche Abfolge von Aktivitäten grafisch in Form von Balken auf einer Zeitachse dar. Zunächst bestimmst du sämtliche Teilaufgaben, Ziele und Meilensteine, die für deine Studienarbeit relevant sind. Dann weist du den Aktivitäten eine konkrete Dauer (Deadline) zu und sortierst die Aufgaben chronologisch. Auf dieser Basis kannst du nun ein Gantt-Diagramm für deine Studienarbeit erstellen.

✐ Anleitung

Entwirf einen Schreibplan für deine Studienarbeit, indem du ein Gantt-Diagramm erstellst! Nutze dazu Microsoft Excel oder eine andere Software. Welche Teilaufgaben, Ziele und Meilensteine musst du berücksichtigen? Welche Dauer haben die einzelnen Elemente? Eine Vorlage für dein persönliches Gantt-Diagramm findest du im Bonusmaterial.

★ Beispiel

So könnte ein Schreibplan in Form eines Gantt-Diagramms aussehen:

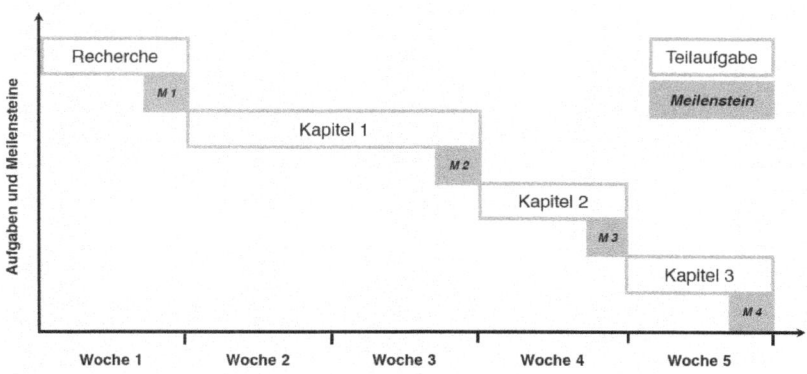

Schreibe zu festen Zeiten!

☼ Technik

Schreibblockaden sind eine logische Folge schlechter oder fehlender Schreibgewohnheiten. Wenn du deine Studienarbeit nur sporadisch anfasst oder gar mehrere Tage und Wochen verstreichen lässt, weil dir „nicht nach Schreiben zumute" ist, wird sich niemals eine produktive Schreibroutine einstellen. Doch genau diesen Mechanismus brauchst du, wenn du blockadefrei schreiben und am Ende eine gute Note erzielen möchtest. Regelmäßigkeit ist hier das Zauberwort: Wenn es dir gelingt, feste Schreibzeiten in deinem Alltag zu etablieren, wird dir das Tippen bald in Fleisch und Blut übergegangen sein. Schreiben ist für dich dann keine Qual mehr, sondern fühlt sich so selbstverständlich wie das morgendliche Zähneputzen an.

Nimm dir deswegen vor, ab sofort immer zur selben Zeit zu schreiben. Am besten jeden Tag. Auf diese Weise kannst du innerhalb kurzer Zeit eine mächtige Routine entwickeln und die Macht der Gewohnheit für dich nutzen. Wenn du deine Schreibgewohnheit hegst und pflegst, solange sie noch klein und schwach ist, wird sie wachsen und irgendwann von ganz allein dafür sorgen, dass du Seite um Seite deiner Studienarbeit fertigstellst.

✒ Anleitung

Bestimme eine feste Zeit zum Schreiben und halte dich 30 Tage lang daran! Etabliere auf diese Weise eine Schreibroutine und nutze die Macht der Gewohnheit. Zu welchen Zeiten kannst du dich besonders gut konzentrieren? Wann hast du wenig andere Termine? Wie kannst du dir deine Schreibzeit freihalten?

★ Beispiele

Beginne jeden Morgen um 8:00 Uhr mit dem Schreiben und halte mindestens 60 Minuten durch.

Schreibe jeden Montag, Dienstag, Donnerstag, Freitag und Samstag von 10:00 Uhr bis 12:00 Uhr.

Schreibe jeden Tag von 20:00 Uhr bis 22:00 Uhr.

Bilde Strukturfließbilder!

✿ Technik

Strukturfließbilder helfen dir dabei, den Aufbau deiner Studienarbeit oder einzelner Kapitel wiederzugeben. Mit diesem Werkzeug kannst du die formale Struktur planen und schon vor dem eigentlichen Schreibprozess festlegen, wie deine Kapitel aufgebaut sein sollen. Dadurch sorgst du für Klarheit und erstellst eine eindeutige Anleitung zum Schreiben. Danach musst du nur noch Baustein für Baustein abarbeiten. Strukturfließbilder ermöglichen es dir, „mit System" zu schreiben. Du tippst nicht einfach drauflos, sondern überlegst dir zunächst ganz genau, welche Inhalte du in welcher Reihenfolge darstellen möchtest. So vermeidest du Schreibblockaden, die aus einer unklaren Zielausrichtung hervorgehen.

✐ Anleitung

Erstelle ein Strukturfließbild zu einem Kapitel deiner Studienarbeit, indem du den grundsätzlichen Aufbau schematisch darstellst! Welche Themen, Elemente und Daten musst du berücksichtigen? In welcher Reihenfolge sollen diese Bausteine präsentiert werden?

★ Beispiele

So könnten Strukturfließbilder für deine Studienarbeit aussehen:

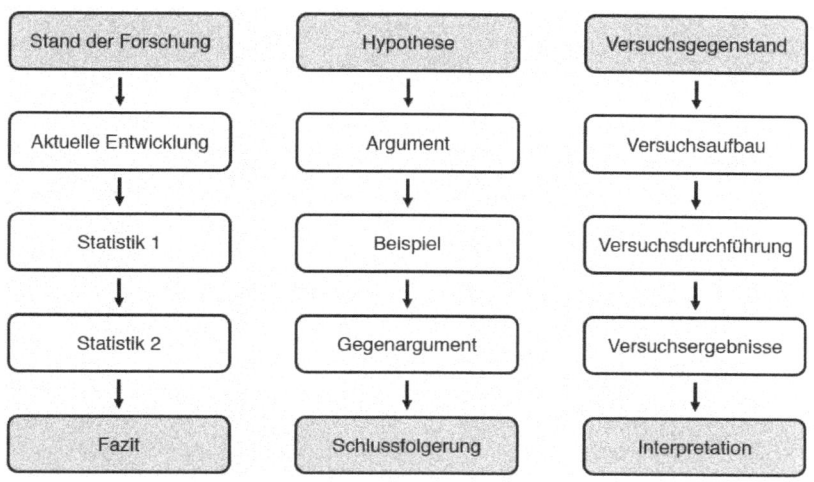

Arbeite mit Mindmaps!

⚙ Technik

Die meisten Studienarbeiten sind komplex. Natürlich steht ein Hauptthema im Mittelpunkt, doch es wird immer Nebenthemen, Grundlagenwissen oder Zusatzinformationen geben, die du ebenfalls berücksichtigen solltest. Bei dieser Fülle von Inhalten kreisen die eigenen Gedanken manchmal so sehr, dass jeder Schreibprozess gebremst oder gänzlich blockiert wird. Mithilfe einer Mindmap kannst du den Stillstand verhindern und wieder Ordnung in deine Überlegungen bringen. Bei dieser grafischen Darstellung beginnst du mit dem zentralen Thema und fügst dann rundherum Unterthemen, Beispiele etc. hinzu. Von dort aus verzweigst du die Mindmap immer weiter bis zu den kleinsten Details.

✎ Anleitung

Erstelle eine Mindmap und sammle auf diese Weise möglichst viele Gedanken zu deiner Studienarbeit! Welche Kategorien, Themen und Schwerpunkte musst du berücksichtigen? Gibt es Querverbindungen oder thematische Überschneidungen?

★ Beispiel

So könnte eine (grobe) Mindmap für deine Studienarbeit aussehen:

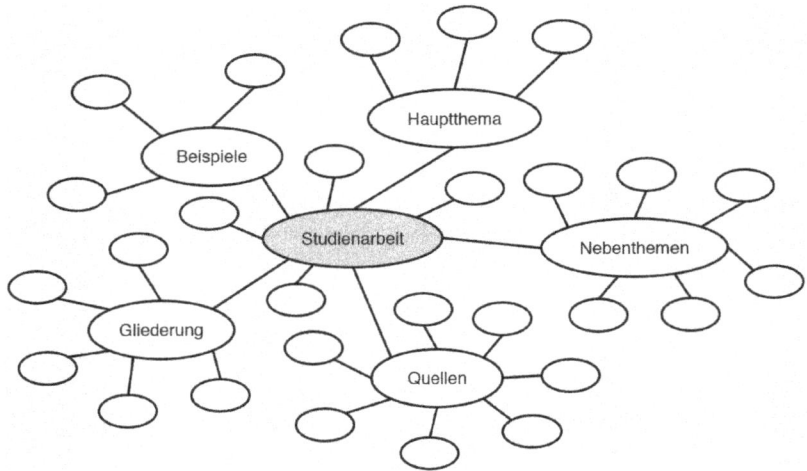

Behalte dein Global Picture im Blick!

⚙ Technik

Während des Entstehungsprozesses deiner Studienarbeit ist es wichtig, dass du „das große Ganze" im Blick behältst. Du darfst dich nicht in Nebensächlichkeiten verlieren und musst stets die wesentlichen Inhalte im Auge behalten. Aus diesem Grund solltest du dir eine Orientierungshilfe schaffen: dein Global Picture. Dabei handelt es sich um eine Übersicht aller Themen deiner Studienarbeit, sortiert nach Kapiteln. Der Aufbau eines Global Pictures ist an die Gestaltung einer Mindmap angelehnt, aber deutlich geordneter. Du skizzierst den vollständigen Aufbau deiner Studienarbeit, um dich in schwierigen Phasen oder nach Ablenkungen immer wieder danach ausrichten zu können.

✎ Anleitung

Erstelle ein Global Picture zu deiner Studienarbeit! Welche Ober- und Unterkapitel musst du berücksichtigen? Welche Themen darfst du nicht vergessen? Wie lauten die Kernaussagen deiner Arbeit? Welche zentralen Ergebnisse werden in den einzelnen Kapiteln erarbeitet?

★ Beispiel

So könnte das Global Picture zu deiner Studienarbeit aussehen:

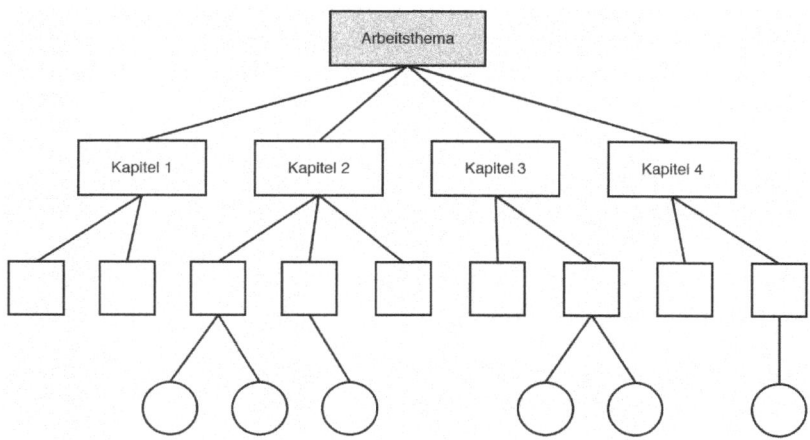

Betreibe kluges Datenmanagement!

⚙ Technik

Eine effiziente Organisation ist nicht nur eine wirksame Maßnahme zur Vorbeugung von Schreibblockaden – sie hilft dir auch dabei, im Schreib-Flow zu bleiben und Unterbrechungen zu vermeiden. Ein kluger Umgang mit den Daten deiner Studienarbeit ist hierfür enorm wichtig. Wenn du deine Daten geschickt organisierst, verlierst du keine Zeit durch langes Suchen. Du verhinderst Verwechslungen und umgehst Übertragungsfehler. Mit „Daten" sind hierbei nicht nur die verschiedenen Textdokumente gemeint, sondern auch Grafiken, Diagramme, Quellen, Messergebnisse und weitere Dateien, die du im Rahmen deiner Arbeit integrierst oder anderweitig zu Informationszwecken nutzt.

Zu einem klugen Datenmanagement gehört in erster Linie, dass du alle Daten an einem festen Ort ablegst. Eine logische Ordnerstruktur sowie eine eindeutige Beschriftung sind dabei besonders wichtig. Zudem solltest du bei Dokumenten, die sich gelegentlich ändern, das aktuelle Datum in die Bezeichnung mit aufnehmen, um Verwechslungen auszuschließen. Mit den richtigen Begriffen im Dateinamen kannst du später schnell und einfach die Suchfunktion nutzen.

✏ Anleitung

Betreibe kluges Datenmanagement und organisiere die Daten zu deiner Studienarbeit so, dass du in kurzer Zeit alles wiederfindest! An welchem Ort kannst du deine Daten ablegen? Welche Ordnerstruktur eignet sich dafür? Wie kannst du die einzelnen Ordner und Dateien benennen? In welchen Abständen erstellst du Sicherheitskopien?

★ Beispiele

Erstelle einen eigenen Ordner für deine Studienarbeit.

Lege für jeden Datentyp einen eigenen Unterordner an (Quellen, Bilder, Ergebnisse, Studienarbeit usw.).

Benenne die Dateien eindeutig und verwende bei verschiedenen Versionen deiner Studienarbeit das Datum im Dateinamen.

Trenne Recherchieren vom Schreiben!

✿ Technik

In einen Flow gelangst du nur, wenn du eine bestimmte Tätigkeit – in unserem Fall das Schreiben – ablenkungsfrei für eine bestimmte Zeit an einem bestimmten Ort durchführst. Allerdings dauert es eine Weile, bis dein bewusst ablaufender Schreibprozess in einen beflügelten Schreib-Flow übergeht. Du musst erst eine gewisse Zeit schreiben, um „reinzukommen". Hierfür ist es unerlässlich, die zwei wichtigsten Bereiche des Schreibens voneinander zu trennen: das Schreiben und das Recherchieren.

Viele Studentinnen und Studenten verbinden diese beiden Tätigkeiten miteinander. Sie recherchieren etwas im Internet und schreiben es auf. Dann schlagen sie eine Formel in einem Buch nach und tippen sie ab. Dann recherchieren sie wieder usw. Du merkst es schon: Mit dieser Arbeitsweise kann kein produktiver Zustand erreicht werden. Daher solltest du dich beim Schreiben wirklich nur auf das Schreiben konzentrieren. Führe vorab eine gründliche Recherche durch, halte dich während des Schreibprozesses aber damit zurück. Markiere unklare Stellen mit einem „XXX" oder hinterlasse einen Kommentar à la „hier muss ich noch recherchieren" und kümmere dich später darum. Jetzt geht es einzig und allein um die Textproduktion.

✎ Anleitung

Strukturiere deinen Schreibprozess um, indem du das Recherchieren vom Schreiben trennst! In welchen Abschnitten deiner Studienarbeit sind Rechercheaufgaben oder andere Vorarbeiten nötig? Wie kannst du diese Prozesse aufteilen?

★ Beispiele

Recherchiere zuerst die Quellen für den Stand der Forschung und verfasse im Anschluss einen ersten Textentwurf.

Recherchiere zunächst die theoretischen Grundlagen und schreibe dann das entsprechende Kapitel nieder.

Trage erst alle relevanten Ergebnisse in Stichpunkten zusammen und formuliere im nächsten Schritt eine Zusammenfassung.

Redigiere erst zum Schluss!

✿ Technik

Ein weiterer Flow-Killer ist der Drang zum ständigen Korrigieren und Redigieren während des laufenden Schreibprozesses. Wenn du deinen Text schon in der Entstehung kontinuierlich anpasst, umstellst und jedes Wort auf die Goldwaage legst, sobald du es aufgeschrieben hast, blockierst du dich nur selbst. Ein produktiver Schreibfluss stellt sich so niemals ein. Natürlich ist es sinnvoll und sogar notwendig, deinen geschriebenen Text noch einmal gegenzulesen und zu optimieren – jedoch erst, nachdem der erste Entwurf abgeschlossen wurde.

Trenne daher das Schreiben vom Redigieren und nimm Korrekturen erst zu einem späteren Zeitpunkt vor. Sei dabei konsequent und lass unschöne Formulierungen, Tippfehler oder gar eindeutig falsch beschriebene Zusammenhänge zunächst stehen. Verbiete dir grundsätzlich, irgendetwas aus dem Text zu löschen, während du schreibst. Verzichte bewusst auf Perfektion und kümmere dich nicht um die roten und blauen Fehlerhinweise deines Textverarbeitungsprogramms. Bring zuerst deinen Text zu Ende und führe dann die nötigen Verbesserungen durch.

✎ Anleitung

Verbiete dir das Korrigieren und Redigieren im laufenden Schreibprozess! Schreibe jetzt sofort einen „unperfekten" Textentwurf für deine Studienarbeit und widerstehe dabei dem Drang, gleichzeitig Verbesserungen vorzunehmen. Schreibe stattdessen weiter und korrigiere erst dann, wenn du deinen Abschnitt fertiggestellt hast.

★ Beispiele

Kümmere dich beim Schreiben eines neuen Absatzes nicht um Rechtschreib- oder Zeichensetzungsfehler – nimm diese Korrekturen später vor.

Achte nicht auf den Satzbau, Wortwiederholungen oder stilistische Elemente bei einem ersten Textentwurf – überarbeite deinen Text später.

Füge Quellenangaben oder Verweise nicht im laufenden Schreibprozess hinzu – mach dir eine Notiz und binde diese Elemente später ein.

Kapitel 3

Umfeld

◁ Einleitung

Dein Umfeld hat einen großen Einfluss darauf, wie der Schreibprozess deiner Studienarbeit abläuft. In der richtigen Umgebung kannst du regelrecht zum Schriftsteller aufblühen und mehrere tausend Worte am Tag zu Papier bringen. Ist dein Umfeld hingegen nicht optimal auf dich ausgerichtet oder steht einer hohen Leistungsfähigkeit gar im Weg, sind schlechte Laune und Schreibblockaden unvermeidbar. Die gute Nachricht ist jedoch: Du kannst dein Umfeld und die Bedingungen, unter denen du schreibst, zu großen Teilen selbst bestimmen. Genau darum soll es in diesem Kapitel gehen. Ich werde dir zeigen, wie du deine Arbeitsumgebung so gestaltest, dass du produktiver und kreativer schreiben kannst. Schreibblockaden lassen sich häufig auf einzelne Elemente in deiner unmittelbaren Nähe zurückführen. Doch mit der richtigen Herangehensweise verschwinden diese Störfaktoren im Nu. Meist reichen schon wenige kleine Anpassungen an deinem Arbeitsplatz und die Worte werden nur so aus dir heraussprudeln.

♀ Tipps

Gestalte dein Umfeld so, dass du mit höchster Konzentration und Leistungsfähigkeit arbeiten kannst. Die folgenden Strategien helfen dir dabei, möglichst produktiv und ablenkungsfrei an deiner Studienarbeit zu schreiben:

- ✔ Schaffe produktive Arbeitsbedingungen!
- ✔ Öffne das Dokument!
- ✔ Ändere Schriftart und Hintergrundfarbe!
- ✔ Wechsle den Arbeitsplatz!
- ✔ Schreibe in Etappen!
- ✔ Drucke das Titelblatt aus!
- ✔ Verzichte auf Jogginghosen!
- ✔ Sperre dein Smartphone weg!
- ✔ Schotte dich ab!
- ✔ Schreibe in einer Gruppe!

Schaffe produktive Arbeitsbedingungen!

✿ Technik

Ohne die richtigen Arbeitsbedingungen kann dein Schreibprozess niemals effizient und reibungslos ablaufen. Warum? Weil die Rahmenbedingungen den Prozess von außen steuern. Wenn du deine Arbeitsbedingungen beim Schreiben auf Produktivität auslegst, wird sich dein Verhalten automatisch anpassen. Du kannst gar nicht anders, als in einen produktiven Modus zu wechseln und konzentriert zu schreiben – weil du die richtigen Voraussetzungen dafür geschaffen hast.

Auf lange Sicht wirst du zum Schreiben mehr brauchen als nur ein Textverarbeitungsprogramm. Du brauchst Hilfsmaterialien wie Bücher, Notizen oder eine spezielle Software. Außerdem schadet es nicht, ein Glas Wasser oder gesunde Snacks in Griffnähe bereitzustellen, damit du deinen Körper beim Schreiben versorgen kannst. Eine bequeme Sitzgelegenheit und ein aufgeräumter Schreibtisch wirken sich ebenfalls positiv auf deinen Schreibprozess aus. Was du auch tust: Sorge dafür, dass dein Arbeitsplatz so auf dich und deine individuellen Bedürfnisse ausgerichtet ist, dass du mühelos mit dem Schreiben beginnen und möglichst lange ungestört damit weitermachen kannst.

✐ Anleitung

Organisiere deinen Arbeitsplatz so, dass du produktiv an deiner Studienarbeit schreiben kannst! Welche Störfaktoren musst du ausschalten? Welche Elemente unterstützen deine Produktivität? Welche Arbeitsbedingungen sorgen sonst dafür, dass du dich gut konzentrieren kannst?

★ Beispiele

Räume deinen Schreibtisch auf, damit dich die Unordnung nicht ablenkt.

Halte Hilfsmaterialien wie Bücher, Schreibutensilien oder Taschenrechner griffbereit, um den Schreibprozess nicht unterbrechen zu müssen.

Sorge für angenehme Lichtverhältnisse und eine produktive Geräuschkulisse, damit du in höchster Konzentration schreiben kannst.

Öffne das Dokument!

✿ Technik

Typischerweise zeigt sich eine Schreibblockade erst dann, wenn du an deinem Schreibtisch sitzt und den Computer hochfährst. Vorher war noch alles in Ordnung, aber sobald es ernst wird, streikt deine Entschlossenheit. Dieses lähmende Gefühl der Antriebslosigkeit lässt sich mit einer winzigen Aktion austricksen: Öffne das Dokument!

Beginne deinen Arbeitsprozess nicht, indem du erst einmal den Internet-Browser öffnest, deine Mails checkst oder deine Aufmerksamkeit anderweitig verteilst. Der erste Schritt sollte darin bestehen, deine Studienarbeit zu öffnen. Sobald du dein Textverarbeitungsprogramm gestartet und das Word-, LaTeX-, OpenOffice- oder Was-auch-immer-Dokument geöffnet hast, ist der Rest ein Kinderspiel. Du fängst an zu schreiben. Der Trick ist, dass du dich dadurch in eine Situation bringst, in der das Schreiben für dich zum Natürlichsten der Welt wird. Du zwingst dich nicht, sondern schaffst die Rahmenbedingungen, in denen du fast automatisch zum Schreiben kommst. Es ist nichts da, außer deiner Studienarbeit. Was könntest du also tun? Richtig: schreiben. Du gibst Ablenkungen keine Chance und behältst auf diese Weise einen klaren Fokus.

✐ Anleitung

Öffne das Dokument deiner Studienarbeit und schreibe, ohne nachzudenken, den ersten Satz in einem beliebigen Kapitel! Welche anderen Anwendungen stören häufig deine Konzentration? Wie kannst du diese Ablenkung loswerden?

★ Beispiel

Schließe alle anderen Programme, die deine Konzentration negativ beeinflussen könnten und öffne deine Studienarbeit. Verbanne alle anderen Icons von deinem Desktop und verschiebe sie für die Bearbeitungszeit deiner Studienarbeit in einen anderen Ordner, damit du sie erst gar nicht wahrnimmst. Platziere die aktuelle Version deiner Studienarbeit hingegen gut sichtbar auf deinem Startbildschirm, damit dir das Dokument sofort ins Auge springt.

Ändere Schriftart und Hintergrundfarbe!

✿ Technik

Sollte dich die Arbeit mit deinem Textverarbeitungsprogramm langweilen und keinerlei motivierende Wirkung mehr auf dich ausstrahlen, ist es Zeit für einen Tapetenwechsel. Entweder wechselst du die Software komplett (zum Beispiel von Word auf LaTeX) oder du beginnst mit kleineren Änderungen wie beispielsweise der Schriftfarbe, Schriftart oder der Gestaltung des Hintergrunds. Auf den ersten Blick erscheinen diese digitalen Renovierungsarbeiten klein und unbedeutend – von ihnen kann jedoch ein alles verändernder Impuls ausgehen, der deinen Schreibmotor auf Hochtouren bringt.

Indem du deine Schreibumgebung änderst, nimmst du eine neue mentale Haltung ein. Du erschaffst eine produktive Aufbruchsstimmung und lässt bisherige Blockaden hinter dir. Erstelle dazu einfach ein neues Dokument, wähle eine andere Hintergrundfarbe als bisher, wechsle die Schriftart und ändere die Schriftfarbe. Blende zudem das Menüband und weitere Steuerungselemente aus, damit deine neue Schreibvorlage für sich allein wirken kann. Sobald du einen Absatz in deinem neuen Umfeld geschrieben hast, kopierst du den Text und fügst ihn in dein Originaldokument ein.

✐ Anleitung

Sorge für einen digitalen Tapetenwechsel und ändere Schriftart, Schriftfarbe und Hintergrund deines Dokuments! Welche Schriften und Farben wirken positiv auf dich? Kannst du noch andere Elemente anpassen?

★ Beispiele

Wähle für dein Dokument einen dunklen Farbton wie schwarz, blau oder rot als Hintergrundfarbe aus.

Ändere die Schriftart und die Schriftfarbe deines Dokuments, sodass ein guter Kontrast zur Hintergrundfarbe entsteht.

Blende die Menüleiste aus und entferne andere Steuerelemente, die dich ablenken.

Wechsle den Arbeitsplatz!

⚙ Technik

Zur Optimierung deines Schreibprozesses bietet es sich an, im Homeoffice hin und wieder den Arbeitsplatz zu wechseln. Damit ist nicht gemeint, dass du dich mit deinem Laptop in die Badewanne zurückziehen oder im Bett schreiben solltest. Es geht darum, dass du mithilfe eines Standortwechsels deine Konzentration länger aufrechterhalten und damit deine Produktivität steigern kannst. Verschiedene wissenschaftliche Studien haben diesen Effekt bestätigt. Demnach kann der Wechsel des Arbeitsplatzes dafür sorgen, dass du fokussierter in neue Aufgaben eintauchen und diese konsequenter erledigen kannst.

Falls du also feststellst, dass deine Aufmerksamkeit am Schreibtisch nachlässt oder du dich gar nicht mehr motivieren kannst, verlagere deine Arbeit in die Küche, auf den Balkon oder an einen anderen Ort. Natürlich darfst du auch einen externen Ort wie die Bibliothek, einen öffentlichen Lernraum oder ein ruhiges Café aufsuchen. Wichtig ist nur, dass du an deinem neuen Arbeitsplatz fokussiert denken und ungestört schreiben kannst. Nach ein paar Minuten oder Stunden kehrst du zurück an deinen Schreibtisch und arbeitest dort konzentriert weiter.

✏ Anleitung

Wechsle den Arbeitsplatz und schreibe in einer neuen Umgebung! Welche Orte kommen dafür in Frage? Wo kannst du dich gut konzentrieren und ungestört schreiben? Wie kannst du einen solchen Arbeitsplatzwechsel in deine Schreibroutine integrieren?

★ Beispiele

Ziehe mit deinem Laptop an einen ruhigen Ort in deiner Wohnung um und schreibe von dort aus weiter.

Wähle eine öffentliche Einrichtung deiner Hochschule aus und schreibe dort zwei Stunden lang an deiner Studienarbeit.

Packe ein Buch oder einen Artikel zu deiner Studienarbeit ein und lies diese Quellen in einem nahegelegenen Park.

Schreibe in Etappen!

✿ Technik

Kein Mensch kann den gesamten Tag auf einem hohen Qualitätsniveau schreiben. Selbst anerkannte Wissenschaftlerinnen und Wissenschaftler sind niemals mehrere Stunden am Stück kreativ oder produktiv. Ihr Geheimnis ist das Schreiben in Etappen. Sobald du mit der Schreibarbeit anfängst, nimmt deine Leistungsfähigkeit mit Beginn der ersten Minute ab. Nach ca. einer halben Stunde wird der Konzentrationsabfall immer größer, bis nichts mehr von deiner mentalen Energie vorhanden ist. Was viele Menschen dann tun: Sie arbeiten trotzdem weiter. Sie schreiben und schreiben und schreiben – kommen aber nicht vom Fleck oder machen Fehler, weil sie sich nicht mehr konzentrieren können.

Ein geschicktes Gegenmodell zu dieser ineffizienten Taktik ist das Schreiben in Etappen. Teile deine Tagesziele daher in Zeitfenster von ca. 20, 30 oder 60 Minuten auf und plane nach jedem Intervall eine kurze Pause ein. Solch eine Etappenstruktur schont deine Kräfte und frischt die Konzentration immer wieder auf. Im Prinzip läuft es beim Schreiben wie bei der Tour de France: Würdest du die komplette Strecke am Stück fahren, wärst du nach kurzer Zeit erschöpft; du würdest nicht weit kommen. Deshalb teilst du den Weg in Etappen auf und fährst Stück für Stück. Zwischendurch tankst du Kraft, um im Anschluss mit vollen Energiereserven weitermachen zu können.

✎ Anleitung

Lege eine Etappendauer fest und schreibe für diese Zeit fokussiert an deiner Studienarbeit! Lege eine kurze Pause ein, bevor du eine neue Etappe startest! Welche Etappenlänge passt gut zu deinem persönlichen Rhythmus? Was wirst du während deiner Pause tun?

★ Beispiel

Bestimme eine Etappendauer von 20, 30 oder 45 Minuten und schreibe für die Zeitspanne fokussiert an deiner Studienarbeit. Lege dann eine Pause ein und erhole dich.

Drucke das Titelblatt aus!

⚙ Technik

Irgendwann wirst du beim Schreiben an den Punkt kommen, an dem deine Leidenschaft nachlässt und dich der ganze Prozess deprimiert. Ein besonders wirksames Mittel, um deine Motivation aufrechtzuerhalten, sind visuelle Impulse. Als Geheimtipp ist dabei insbesondere das Ausdrucken und Aufhängen des Titelblatts deiner Studienarbeit zu empfehlen. Auf diese Weise hast du dein Ziel durchgehend vor Augen und kannst blitzschnell weitere mentale Bilder dazu aufbauen.

Auf dem Titelblatt sind in der Regel der Titel deiner Studienarbeit, dein Name, das Abgabedatum und vielleicht noch deine Prüfer aufgeführt. Einige Lehrstühle verwenden für diesen Zweck sogar ein eigenes Cover, welches grafisch hochwertiger aufbereitet ist als ein „einfaches" Titelblatt. Drucke diese erste Seite deiner Studienarbeit aus und platziere sie gut sichtbar an deinem Arbeitsplatz – und zwar so, dass du sie beim Schreiben durchgehend im Blick hast. Verwende sie als Poster oder rahme sie ein und hänge sie dir an die Wand.

✎ Anleitung

Fertige ein Titelblatt deiner Studienarbeit an, drucke es aus und platziere es an deinem Arbeitsplatz! Existieren Vorlagen von deinem Lehrstuhl? Gibt es weitere Stellen in deiner Wohnung, an denen du das Titelblatt positionieren könntest, um deine Motivation zu steigern?

★ Beispiele

Erstelle ein Titelblatt für deine Studienarbeit, drucke es aus und hänge es gut sichtbar an deinem Arbeitsplatz auf. Wirf während deines Schreibprozesses immer wieder einen Blick auf dein Titelblatt, damit du dein Ziel im Auge behältst.

Erstelle ein Probeexemplar deiner fertigen Studienarbeit, indem du dein Titelblatt um 30, 50 oder 100 leere Blätter ergänzt und diese Kombination binden lässt. Platziere dieses Probeexemplar so auf deinem Schreibtisch, dass du es beim Schreiben stets im Blick hast.

Verzichte auf Jogginghosen!

✿ Technik

Nicht nur dein äußeres Umfeld, sondern auch die Art und Weise, wie du dich kleidest, hat großen Einfluss darauf, mit wie viel Elan du an deiner Studienarbeit schreibst. An einem gemütlichen Wohlfühl-Outfit gibt es nichts auszusetzen. Wenn du aber wie ein Penner vor der Tastatur sitzt, kann es passieren, dass du dich genauso lustlos verhältst, wie du aussiehst. Der Zauber deiner Glücksjogginghose ist in diesen Situationen nichts wert. Ganz im Gegenteil: Zu legere Kleidung hindert dich daran, die nötige Entschlossenheit aufzubringen, um deine Studienarbeit bestmöglich abzuschließen. So wird es dir nie gelingen, aus dem Stegreif eine produktive Grundhaltung einzunehmen.

Die Art und Weise, wie du dich kleidest, wird sich auf deine Einstellung übertragen – ob bewusst oder unbewusst. Wenn du dich wie ein fleißiger Student anziehst, wirst du dich eher wie ein fleißiger Student verhalten; wenn du dich professionell kleidest, wirst du eher eine professionelle Einstellung an den Tag legen; und wenn du mit deinem Outfit unterstreichst, dass du es ernst meinst, wirst du diesen Eindruck sehr viel wahrscheinlicher mit deiner Arbeitsweise bestätigen. Kleide dich wie ein Gewinner – dann wirst du auch zu einem.

✎ Anleitung

Zieh dich um und wähle von nun an professionelle Kleidung, wenn du dich zum Schreiben vor deinen Computer setzt! Wie würdest du dich zu einem wichtigen Termin oder zu einem Vorstellungsgespräch anziehen? Welche Kleidungsstücke unterstreichen deine Absicht, eine hervorragende Studienarbeit abzuliefern?

★ Beispiele

Tausche Jogginghose und T-Shirt gegen ein schickes Business-Outfit zum Schreiben ein.

Lege dir ein Standard-Outfit zurecht, das du immer dann anziehst, wenn du an deiner Studienarbeit schreiben möchtest.

Sperre dein Smartphone weg!

⚙ Technik

Bei allen technischen Möglichkeiten, die dir dein Smartphone bietet: Wenn du fokussiert schreiben möchtest, kann dein Handy zu einer unüberwindbaren Störquelle werden. Hier eine Push-Nachricht, dort ein Hinweis und dazu der ständige Drang, „nur mal eben" nachzuschauen, was bei Lisa, Thomas und Mama so los ist. Diese Ablenkungen können dich auf verschiedenen Ebenen ausmanövrieren. Ein schwacher Moment kann ausreichen und schon hängst du wieder vor dem Smartphone, anstatt dich mit deinem Text auseinanderzusetzen.

Um dich in solchen Situationen vor dir selbst zu schützen, solltest du dein Smartphone kurzzeitig loswerden. In der Regel reicht es schon, wenn du dein Handy ausschaltest oder es im Nebenzimmer ablegst. Wenn das nicht hilft, kannst du auf einen Smartphone-Tresor zurückgreifen. Solch ein Gadget ist ein elektrisches Schließfach, ausgestattet mit einer Zeitschaltuhr. Du platzierst dein Smartphone in dem Tresor und stellst den Timer auf eine bestimmte Zeit (zum Beispiel 60 Minuten) ein. Während dieser Zeitspanne kannst du das Schließfach nicht öffnen und kommst folglich auch nicht an dein Smartphone.

✏ Anleitung

Zieh dein Smartphone aus dem Verkehr und sperre es für die Dauer deiner Schreibsession weg! Wie kannst du sicherstellen, dass dich dein Smartphone nicht stört? Was kannst du tun, um in deiner smartphonefreien Zeit diszipliniert zu bleiben und nicht rückfällig zu werden?

★ Beispiele

Schalte dein Smartphone aus und lege es in einen anderen Raum, während du an deiner Studienarbeit schreibst.

Schaffe dir einen Smartphone-Tresor an und sperre dein Handy für mehrere Stunden weg, damit du ungestört schreiben kannst.

Lagere dein Smartphone bei einer Mitbewohnerin, einem guten Freund oder deinen Eltern, bis du dein aktuelles Kapitel beendet hast.

Schotte dich ab!

✿ Technik

Beim Schreiben ist konzentriertes Nachdenken und fokussiertes Handeln gefordert. Doch deine Konzentration ist wie ein zartes Pflänzchen. Wenn du dich nicht sorgfältig darum kümmerst und deinen Fokus konsequent gegen Schädlinge verteidigst, fällt deine Ergebnisernte gering aus. Dazu kann es hilfreich sein, wenn du dich phasenweise zurückziehst und komplett von deiner Umwelt abschottest. Und mit Abschotten ist wirkliches Abschotten gemeint: Setze dich an deinen Schreibtisch, suche dir ein ungestörtes Plätzchen oder einen freien Raum, schließe die Tür hinter dir, mach das Fenster zu und isoliere dich komplett von deiner Umwelt. Niemand darf dich stören, keine Einflüsse von außen sind erwünscht.

Solltest du an einem öffentlichen Ort arbeiten, Teil einer WG sein oder in einem lauten Haus wohnen, kannst du Ohrstöpsel benutzen oder Kopfhörer aufsetzen, um dich vor akustischen Reizen zu schützen. Sollte dies keine Option für dich sein, kannst du alternativ für eine halbe Stunde ein ruhiges Café, eine Bibliothek oder einen anderen geräuscharmen Ort aufsuchen, an welchem du ungestört schreiben kannst. Alles, was Störeinflüsse abschirmt oder gar nicht erst zulässt, ist erlaubt.

✎ Anleitung

Schotte dich von deiner Umwelt ab und ziehe dich für einen kurzen Moment zum Schreiben zurück! Welche Maßnahmen kannst du ergreifen, um dich zu isolieren? Welche Störquellen musst du ausschalten?

★ Beispiele

Schließe dich in deinem Zimmer ein, stell die Klingel und das Telefon aus, befestige ein „Bitte-nicht-stören"-Schild an der Tür, mach das Fenster zu und fang an zu schreiben.

Setze Noise-Cancelling-Kopfhörer auf, wähle eine Playlist mit konzentrationsfördernder Musik aus, bitte die Menschen in deiner Umgebung um etwas Ruhe und fang an zu schreiben.

Schreibe in einer Gruppe!

✿ Technik

Viele Menschen brauchen zum Schreiben Ruhe. Aus diesem Grund ziehen sie sich zurück und arbeiten mutterseelenallein an ihrem Text. Das Gegenteil von dieser Strategie kann hingegen genauso gut funktionieren: das Schreiben in der Gruppe. Eine beträchtliche Anzahl von Schreiberlingen zieht es vor, eben nicht im stillen Kämmerlein zu arbeiten, sondern in einem Großraumbüro, im Café oder in der Bibliothek zu schreiben. Nicht, um sich dort mit anderen Menschen zu unterhalten und den Austausch mit Leidensgenossen zu suchen, sondern weil sie die produktive Arbeitsatmosphäre nutzen möchten.

In einem ausgewählten Umfeld, in welchem alle anderen Menschen konzentriert schreiben, läufst du selbst ebenfalls zu Hochform auf. Die hohe Arbeitsmoral kann ansteckend wirken und unter vielen Gleichgesinnten fällt es nicht so schwer, eine ähnlich hohe Disziplin an den Tag zu legen. Das Schreiben in der Gruppe kann dich anstacheln, neue Motivation entfachen und somit lästige Schreibblockaden auflösen.

✐ Anleitung

Tritt einer Gruppe von Gleichgesinnten bei und schreibe dort an deiner Studienarbeit! Welche deiner Kommilitonen schreiben aktuell ebenfalls eine Studienarbeit oder einen anderen wissenschaftlichen Text? Welche Orte kommen für ein Treffen in Frage?

★ Beispiele

Organisiere eine Schreibgruppe mit deinen Kommilitonen und vereinbart feste Zeiten, zu denen ihr gemeinsam an euren Texten arbeitet.

Richte eine Telefonschalte oder eine Videokonferenz mit deinen Kommilitonen ein, damit ihr aus dem Homeoffice heraus gemeinsam in der Gruppe schreiben könnt.

Suche dir zum Schreiben einen Arbeitsplatz in der Bibliothek deiner Hochschule oder in einem öffentlichen Lernraum an deiner Uni.

Kapitel 4

Technik

✈ Einleitung

Schreiben ist ein Handwerk. Jeder Mensch kann es lernen. Natürlich sind einige Verfasser wissenschaftlicher Texte talentierter als andere, aber grundsätzlich ist jeder von uns in der Lage, einen vernünftigen Text zu formulieren. Das Schreiben an sich hat dabei nicht viel mit Begabung zu tun – es ist vielmehr eine Frage der Technik. Und genau darin liegt deine Chance, wenn du es wieder einmal mit einer hartnäckigen Schreibblockade zu tun hast. Es gibt nämlich zahlreiche Techniken, die nicht nur dafür sorgen, dass du bessere Texte schreibst; sie können außerdem als Starthilfe für einen produktiven Schreibfluss eingesetzt werden. Genau um diese Schreibtechniken geht es in diesem Kapitel. Wir werden nicht daran arbeiten, wie du präziser beschreiben, abwechslungsreicher formulieren oder klüger argumentieren kannst. Hier geht es um Techniken, die dir dabei helfen, mentale Hürden zu nehmen und dadurch in einen Schreibfluss zu gelangen. Um die B-Note kümmern wir uns später.

♀ Tipps

Die folgenden Schreibtechniken erhöhen deine Produktivität und können dir dabei helfen, deine Schreibblockade schnell und einfach zu überwinden:

- ✔ Schreibe ab!
- ✔ Überspringe den ersten Satz!
- ✔ Fang irgendwo an!
- ✔ Verwende viele Zwischenüberschriften!
- ✔ Schreibe Stichpunkte!
- ✔ Schreibe ohne Punkt und Komma!
- ✔ Schreibe nur Hauptsätze!
- ✔ Schreibe nur für dich!
- ✔ Schreibe für einen guten Freund!
- ✔ Schreibe wie Usain Bolt!

Schreibe ab!

✿ Technik

Es klingt banal, aber: Beim Schreiben geht es ums Schreiben. Es ist ein Handwerk; im Prinzip eine mechanische Tätigkeit, bei der deine Hände und Finger bewegt werden. Gut, du solltest zwischendurch nachdenken, deine Ideen prüfen und diese in eine sinnvolle Struktur bringen – aber grundsätzlich reicht es aus, verschiedene Tasten anzuschlagen, um einen Text zu erschaffen. Und genau diese Eigenschaft kannst du dir zunutze machen, um deine Schreibhemmungen zu überwinden.

Nimm dir dazu einen fremden Text und schreibe ihn ab. Nicht, damit du ihn später verwerten kannst, sondern einfach, um „ins Schreiben" zu kommen. Du schreibst dich sozusagen ein und führst ein Warm-up durch. Es geht nicht um die Inhalte – es geht um den Prozess, die Ausführung an sich, das Gefühl. Denn wenn du erst einmal schreibst (und dabei ist es egal, was du schreibst), fällt es dir leichter weiterzuschreiben. Sobald du dich in deinen Schreibprozess eingefunden hast, kannst du das Abschreiben unterlassen und dich um deine eigenen Inhalte kümmern. Später löschst du deine abgetippte Einstiegshilfe und tust so, als sei nichts geschehen. Zum Abschreiben eignen sich grundsätzlich alle Texte. Falls es dir jedoch gelingt, thematisch passende Vorlagen zu finden, solltest du auf diese Textauszüge zurückgreifen. Damit gewöhnst du dich schon an einen geeigneten Satzbau und an fachspezifische Formulierungen.

✐ Anleitung

Schreibe einen Text ab, der thematisch zu deiner Studienarbeit passt! Wie lange muss dein Warm-up dauern, damit du ganz und gar im Schreibprozess angekommen bist?

★ Beispiele

Schreibe einen Abschnitt aus einem Lehrbuch ab.

Schreibe Teile eines Fachartikels ab.

Schreibe einen Wikipedia-Eintrag ab.

Überspringe den ersten Satz!

✿ Technik

Das Schwierigste beim Schreiben ist der Anfang. Wie bei so vielen Dingen im Leben ist der Beginn die größte Herausforderung – ist diese Hürde aber einmal übersprungen, läuft es meist (fast) von allein. Daher solltest du bei Startschwierigkeiten genau das tun: den Anfang überspringen.

Lass den ersten Satz weg und beginne beim zweiten. Hakt es an dieser Stelle auch, dann springe noch weiter nach vorn. Fang einfach an der Stelle an, an der du anfangen möchtest – völlig egal, ob dieses Vorgehen zu deiner Gliederung passt oder nicht. Erstens kannst du den Anfang später immer noch schreiben (häufig ist das sogar eine gute Strategie, weil du am Ende deines Textes besser weißt, wie du die Einleitung aufbauen solltest) und zweitens geht es nur darum, dass du deine Blockade überwindest und schreibst. Niemand wird später feststellen können, wann du den ersten Satz geschrieben hast. Wichtig ist dabei nur, dass du eine geschickte Überleitung einfügst. Aber diese Herausforderung ist deutlich kleiner als eine drohende Schreibblockade.

✎ Anleitung

Beginne ein neues (Teil-)Kapitel deiner Arbeit, indem du den ersten einleitenden Satz bewusst überspringst! Schreibe die Einleitung erst dann, wenn du diese Textpassage beendet hast! Wie viel Zeit hast du auf diese Weise gespart? Fiel es dir schwer, den ersten Satz im Nachhinein zu formulieren?

★ Beispiele

Lass den ersten Satz weg und beginne mit einer Definition oder beschreibe einen Sachverhalt so, als hättest du diesen bereits eingeleitet.

Präsentiere direkt ein wichtiges Ergebnis, ohne dieses vorher einzuleiten oder weitere Hintergrundinformationen dazu zu liefern.

Zähle zunächst einmal die Vor- oder Nachteile eines Verfahrens oder einer Auswertungsmethode auf und leite die dazugehörige Abwägung erst später ein.

Fang irgendwo an!

⚙ Technik

Wenn du den letzten Tipp (*Überspringe den ersten Satz!*) weiterdenkst, wirst du schnell feststellen, dass es völlig egal ist, in welcher Reihenfolge du deine Textabschnitte schreibst. Niemand wird im Nachhinein merken, welche Teile du zuerst formuliert hast und welche Absätze erst später hinzugekommen sind. Solltest du also beim Schreiben an einer Stelle festhängen: Wechsle zu einem anderen Kapitel oder fang mitten in einem neuen Unterthema an.

Wenn du bei einer bestimmten Textpassage blockiert bist, kann es daran liegen, dass du gedanklich schon weiter bist oder einen vorherigen Teil umschreiben möchtest. Es ist in Ordnung, wenn du diesem Drang nachgibst, zu den entsprechenden Stellen springst und mittendrin anfängst zu schreiben. Kehre danach einfach wieder an deine ursprüngliche Baustelle zurück und stelle den Text fertig.

✏ Anleitung

Wähle ein zufälliges Kapitel deiner Studienarbeit aus und schreibe jetzt direkt einen Satz, der thematisch passen könnte! Mach dir keine Gedanken über die Struktur oder eine sinnvolle Reihenfolge – schreib einfach drauflos! Wie könntest du die spontan formulierte Passage fortsetzen? Wie könntest du sie einleiten?

★ Beispiele

Beginne mit der Beschreibung einer Grafik oder einer Tabelle und verhalte dich so, als hättest du sie schon in der Einleitung benannt.

Beschreibe eine Versuchsreihe, eine Messmethodik oder die Auswertung eines Experiments.

Starte mit der Zusammenfassung eines Kapitels und schildere (noch bevor du die Ergebnisse entwickelt oder hergeleitet hast), welches die wesentlichen Erkenntnisse sind.

Verwende viele Zwischenüberschriften!

✿ Technik

Sehr große Kapitel und lange Textabschnitte, die viele Einzelthemen beinhalten sollen, können Schreibblockaden hervorrufen oder verstärken. Erstens, weil die Struktur in solchen Fällen häufig nicht klar ist und zweitens, weil die bevorstehende Aufgabe (d. h. die leeren Seiten zu füllen) unüberwindbar erscheint. Zwischenüberschriften helfen dir dabei, mit dieser Herausforderung umzugehen und einen produktiven Schreibfluss zu erreichen. Dazu zerteilst du das vorliegende Kapitel in Sinnabschnitte und erstellst zu jedem Thema eine Zwischenüberschrift.

Die Anzahl dieser Absätze ist nicht begrenzt. Du kannst also so viele Überschriften verwenden, wie du möchtest. Hauptsache, es dient der Strukturierung des Textes und hilft dir dabei, einen Anfangspunkt zu finden. Sobald du alle Zwischenüberschriften formuliert hast, kannst du den dazugehörigen Text verfassen. Danach löschst du die Hilfsüberschriften und verbindest die Absätze, wenn dies erforderlich ist.

✎ Anleitung

Teile ein beliebiges Kapitel deiner Studienarbeit in Sinnabschnitte auf und weise jedem dieser Absätze ein (Unter-)Thema zu! Formuliere danach entsprechende Zwischenüberschriften! Wie könntest du dein Kapitel gliedern? Wie sieht die nächste Gliederungsebene aus?

★ Beispiele

Aktuelle Forschung: Einleitungsabschnitt, Artikel von Dobarov, Konferenzbeitrag von Stacy et al., Studie von Miller, weitere Studie von Miller, Dissertation von Blien …

Auswertung: Einleitungsabschnitt, Zusammenfassung des Experiments, Beschreibung der Auswertungsmethode, Erklärung zu Testgruppe 1, Erklärung zu Testgruppe 2, Darstellung der Ergebnisse (Tabelle), Interpretation der Ergebnisse, Schlussfolgerung …

Schreibe Stichpunkte!

✿ Technik

Brauchst du ewig für die Formulierung ganzer Sätze, sodass du kaum in eine produktive Arbeitsweise gelangst? Dann verzichte auf vollständige Formulierungen und schreibe fürs Erste nur Stichpunkte auf! Beim üblichen Schreibprozess entstehen die fertigen Sätze schrittweise in deinen Gedanken und werden dann – leicht zeitversetzt – über deine Finger zu Papier gebracht. Doch manchmal ist dieser Weg zu lang oder deine Gedankenmuster sind zu verworren, um einen logischen Satzaufbau mit verbindenden Elementen herzustellen.

Füge in solchen Fällen einen Zwischenschritt ein und schreibe deine Gedanken in Form von Stichpunkten und Halbsätzen auf. Sammle auf diese Weise deine Gedanken und halte die wichtigsten Informationen schriftlich fest. Wenn du später in besserer Form bist, kannst du aus den Aufzählungen ganze Sätze machen und deine Ideen ausformulieren. Häufig ergibt sich erst aus einer Stichwortsammlung eine klare Struktur. Sobald dieser Aufbau erkennbar wird, fällt dir das Schreiben deutlich leichter.

✐ Anleitung

Fasse den Inhalt eines bisher unbearbeiteten Unterkapitels aus deiner Studienarbeit in Stichpunkten zusammen! Welche Inhalte möchtest du in diesem Abschnitt berücksichtigen? Welche Informationen darfst du nicht vergessen? Wie sähe eine sinnvolle Reihenfolge aus?

★ Beispiele

Einleitung: Aktuelle Entwicklungen (mit Statistik), Studie von Müller et al., Aufgabenstellung, Ziel der Arbeit ...

Stand der Forschung: Quelle 1 nennen, Inhalt Quelle 1, Quelle 2 nennen, Inhalt Quelle 2, Quelle 3 nennen, Inhalt Quelle 3 ...

Versuchsaufbau: Einzelkomponenten aufzählen, Wirkungsweise beschreiben, Einsatzstoffe nennen, Konstruktion beschreiben ...

Schreibe ohne Punkt und Komma!

✿ Technik

Während des schriftlichen Ausformulierens deiner Gedanken kann dein innerer Schreibmotor ins Stocken geraten. Entweder weil du zu kompliziert vorgehst oder weil dich formale Zwänge an der kurzen Leine halten. „Wie baue ich den nächsten Satz auf?" „Kommt an dieser Stelle ein Komma?" Die besten Inhalte können durch stilistische Überlegungen in den Hintergrund rücken. Ein probates Mittel, um wieder Fahrt aufzunehmen und Text wie am Fließband zu produzieren, liegt in der Nichtbeachtung genau dieser formalen Vorgaben. Das heißt im Klartext: Pfeif auf Grammatik und Satzbau – schreibe ohne Punkt und Komma!

Konzentriere dich nicht zu sehr auf die Form. Schreib stattdessen erst einmal weiter, beende deinen Absatz oder das Kapitel und nimm die nötigen Verbesserungen später vor. Auf diese Weise gerätst du fast automatisch in einen Schreib-Flow. Außerdem kannst du – sobald du alle wichtigen Informationen zu Papier gebracht hast – viel einfacher Korrekturen vornehmen. Denn nun hast du die kompletten Inhalte vor dir und kannst diese zu einer ansprechenden Komposition formen.

✏ Anleitung

Wähle ein Unterkapitel deiner Arbeit und schreibe 10 Minuten lang ohne Punkt und Komma! Wie viel Text kannst du in dieser Zeit produzieren? Wie schätzt du die anschließende Korrektur ein? Leidet die finale Qualität deines Textes unter diesem Vorgehen?

★ Beispiele

Schreibe ohne Satzzeichen: Strukturiere und beende deine Sätze nicht, sondern schreibe in einem Rutsch, was dir in den Sinn kommt.

Schreibe ohne Absätze: Kümmere dich nicht um den Seitenaufbau und nimm die Gliederung später vor.

Schreibe ohne Verweise: Lass Querverweise und Verlinkungen außen vor. Mach dir stattdessen eine Notiz und füge diese Elemente später hinzu.

Schreibe nur Hauptsätze!

✿ Technik

In wissenschaftlichen Arbeiten und Sachtexten geht es um Informationen. Fakten, Erklärungen und Zusammenhänge zu deinem Thema sollen dargestellt werden – die Form ist erst einmal zweitrangig. Doch genau mit diesem formalen Aspekt verschwenden viele Autorinnen und Autoren einen großen Teil ihrer Zeit: Sie suchen nach der perfekten Formulierung, nach dem geschicktesten Satzbau und nach abwechslungsreichen Konjunktionen. Doch dieser Prozess kann dich lähmen oder eine vorhandene Schreibblockade noch verstärken.

Ein probates Gegenmittel besteht darin, vorerst nur Hauptsätze zu schreiben. Erstens sorgst du damit für Präzision in deinen Aussagen. Zweitens schaffst du so eine klare Struktur. Und drittens kannst du auf diese Weise sehr schnell sehr viel Text produzieren. Später kannst du die Hauptsätze verbinden, indem du Aufzählungen einfügst, Relativsätze integrierst oder andere Nebensätze konstruierst. Stehen deine Hauptsätze schon fest, kannst du diesen zweiten Schritt viel schneller umsetzen.

✎ Anleitung

Schreibe einen neuen Abschnitt – verwende dabei aber nur Hauptsätze! Beschränke dich auf eine präzise Aussage pro Satz. Welches sind die wichtigsten Informationen? Wie kannst du die Kernaussagen sortieren?

★ Beispiele

In der Veröffentlichung von Nilson et al. wird ein numerisches Modell vorgestellt. Mit diesem Modell kann der Energiebedarf von Windmühlen berechnet werden. Dazu wurde eine Fallstudie durchgeführt …

Im Aufsatz von Kolinov werden die gesellschaftlichen Auswirkungen der Weltwirtschaftskrise in Kolumbien aufgezeigt. Es werden drei zentrale Thesen aufgestellt. Die erste These lautet …

Für das Experiment wurden die Probanden in zwei Gruppen eingeteilt. Die erste Gruppe ist die Vergleichsgruppe. Die zweite Gruppe hat andere Informationen erhalten. Der Unterschied lag in …

Schreibe nur für dich!

⚙ Technik

„Was wird mein wissenschaftlicher Betreuer denken, wenn er meine Arbeit liest?" „Wird meine Professorin enttäuscht von mir sein?" „Wie reagieren meine Eltern, wenn sie einen Blick in meinen Text werfen?" All diese Fragen (und noch viele mehr) können dir durch den Kopf schwirren, wenn du eine schriftliche Arbeit verfasst. Das Problem ist: Du denkst beim Schreiben durchgehend an dein Publikum und versuchst damit (unterbewusst), es allen recht zu machen.

Grundsätzlich kann das eine gute, reflektierte Herangehensweise sein. Doch wenn dich diese Gedanken blockieren und einen zu negativen Druck auf dich ausüben, schadest du damit deinem Schreibfluss. Was dir in solchen Situationen helfen kann, ist ein Perspektivwechsel: Schreibe nicht mehr für andere Personen, sondern nur für dich selbst! Formuliere deine Sätze so, als würde sie kein anderer Mensch jemals zu Gesicht bekommen. Sie sind nur für dich bestimmt. Niemand wird dich bewerten oder gar verurteilen. Es sind deine persönlichen Notizen. Einen Tag später kannst du deinen Text redigieren und umschreiben, aber für den Moment brauchst du auf niemanden Rücksicht zu nehmen.

✎ Anleitung

Schreibe einen neuen Abschnitt nur für dich! Nimm keine Rücksicht auf dein Publikum und formuliere, wie dir der Schnabel gewachsen ist. Welche Aspekte sind dir wichtig? Was möchtest du genau aussagen? Wie kannst du deine Aussagen begründen? Wann wirst du deinen Text überarbeiten?

★ Beispiele

Verfasse einen Tagebucheintrag: Liebes Tagebuch, heute habe ich das Paper von Smith et al. gelesen. Was ich nicht vergessen darf, ist …

Benutze Umgangssprache: Die Ergebnisse von Ried und Xi sind ziemlich daneben, aber wenigstens haben sie ihre Annahmen gut erklärt, denn …

Schreibe aus der Ich-Perspektive: Ich habe die Proben erst unter dem Elektronenmikroskop untersucht. Danach habe ich …

Schreibe für einen guten Freund!

✿ Technik

Das Schreiben für einen guten Freund (oder eine vertraute Person) funktioniert so ähnlich wie das Schreiben nur für dich aus dem vorherigen Abschnitt. Bei dieser Technik wechselst du mental die späteren Leser deines Textes aus und tust so, als würdest du für eine Freundin, einen Kommilitonen oder deine Oma schreiben. Damit nimmst du dir den Druck, wissenschaftlich perfekt formulieren zu müssen, weil du ab jetzt nicht mehr für deine Professorin oder deinen Professor schreibst – sondern für Menschen, die weniger kritisch mit dir umgehen (zumindest was deine Studienarbeit angeht).

Trotzdem solltest du bei dieser Schreibübung darauf achten, keine relevanten Inhalte zu vernachlässigen. Es geht nicht darum, möglichst einfach oder besonders „cool" zu schreiben; dein Ziel sollte sein, die wichtigsten Informationen klipp und klar zu nennen, ohne dich dabei von formalen Zwängen beeinträchtigen zu lassen. Sobald du deinen Text fertiggestellt hast, kannst du ihn überarbeiten und wissenschaftlicher gestalten.

✐ Anleitung

Schreibe eine Textpassage für einen guten Freund oder eine vertraute Person aus deinem Umfeld! Welche Kernaussagen möchtest du zum Ausdruck bringen? Welche Informationen darfst du dabei auf keinen Fall vernachlässigen? Welche Zusammenhänge müssen klar sein?

★ Beispiele

Formuliere eine E-Mail an einen Kommilitonen: Lieber Stefan, in Kapitel 3 erkläre ich den Versuchsaufbau. Dabei muss besonders die Messtechnik berücksichtigt werden, weil …

Beginne mit „Was ich eigentlich sagen will …": Was ich eigentlich sagen will, ist, dass die Ergebnisse keinen eindeutigen Schluss zulassen. Auf der einen Seite …

Fasse die wesentlichen Inhalte eines Kapitels für einen Freund zusammen: Was du dir unbedingt merken solltest, sind die folgenden drei Motive von Shakespeare: Erstens …

Schreibe wie Usain Bolt!

✿ Technik

Kennst du den berühmten Sprinter Usain Bolt? Bolt ist achtfacher Olympiasieger, elffacher Weltmeister und hat zahlreiche Weltrekorde aufgestellt. Und obwohl Leichtathletik und Schreiben nur wenig gemeinsam haben, kannst du dir einige nützliche Techniken bei diesem Ausnahmesportler abschauen. Viele Menschen glauben nämlich, dass qualitativ hochwertige Texte viel Zeit in Anspruch nehmen müssen. Es geht schließlich um ein komplexes Thema und es werden hohe Ansprüche an die Form der Ausarbeitung gestellt. Das dauert halt seine Zeit!

Natürlich sollst du dir beim Schreiben Mühe geben, aber wenn du absichtlich langsam arbeitest, weil du diesen „Stil" mit Sorgfalt verwechselst, blockierst du dich nur selbst. Lege daher hin und wieder einen „Schreibsprint" ein und schreibe in kurzer Zeit so viel und so schnell du tippen kannst. Die hohe Geschwindigkeit schärft deinen Fokus und zwingt dich dazu, dich auf die wesentlichen Punkte zu beschränken. Korrigieren und redigieren kannst du hinterher.

✎ Anleitung

Lege einen Schreibsprint ein und schreibe wie Usain Bolt! Probiere jede der drei folgenden Beispieltechniken aus. Welche Methode funktioniert am besten? Fallen dir weitere Möglichkeiten ein, um schneller schreiben zu können? Kannst du beim nächsten Mal deinen eigenen Rekord brechen?

★ Beispiele

Verwende einen Countdown: Benutze die Wortabfolge „Auf die Plätze – fertig – los!" und beginne dann – ohne zu zögern – mit dem Schreiben.

Starte einen Timer: Stelle eine Stoppuhr oder den Timer deines Smartphones auf 10, 15 oder 30 Minuten und schreibe in dieser Zeit so viele Wörter wie möglich.

Miss deine Zeit: Setze dir ein konkretes Schreibziel wie „300 Worte" oder „einen Abschnitt" und miss die Zeit, die du für das Erreichen deines Ziels benötigst.

Kapitel 5

Kapitelanfänge

⊿ Einleitung

Schreibblockaden treten besonders häufig auf, wenn du einen neuen Text oder einen Teilabschnitt beginnen möchtest. Der Anfang eines Kapitels stellt dann eine fast unüberwindbare Hürde dar, weil der passende Einstieg erst gefunden werden muss. Womit fängst du an? Wie sollst du dich dem Thema nähern? Und wie stellst du sicher, dass deine Kapitelanfänge sachgerecht und abwechslungsreich bleiben? Ganz einfach: mit standardisierten Elementen, die du nach Belieben variieren und an dein Thema anpassen kannst. Alle erfolgreichen Autorinnen und Autoren arbeiten mit wiederkehrenden Textbausteinen – ganz besonders am Anfang ihrer jeweiligen Arbeit. Ohne diese Erfolgsformeln würde die Schreibarbeit um ein Vielfaches länger dauern. Aus diesem Grund solltest auch du auf bewährte Kapitelanfänge zurückgreifen und deine Startschwierigkeiten damit überwinden.

♀ Tipps

Mithilfe der folgenden Möglichkeiten kannst du ein neues Kapitel schnell und abwechslungsreich beginnen:

- ✔ Starte mit einer Frage!
- ✔ Benutze ein Zitat!
- ✔ Erkläre eine Statistik!
- ✔ Beschreibe eine Abbildung!
- ✔ Führe ein Beispiel an!
- ✔ Nimm Bezug auf eine Referenzquelle!
- ✔ Ziehe einen Vergleich!
- ✔ Beginne mit einem Interview!
- ✔ Stelle eine These auf!
- ✔ Nimm das Ergebnis vorweg!

Beginne mit einer Frage!

✿ Technik

Wie sollst du also ein neues Kapitel beginnen? Genau wie hier! Die einfachste Art, um deinen neuen Abschnitt einzuleiten, besteht darin, eine Frage zu stellen oder eine Fragestellung zu diskutieren. Dabei gehst du auf deine Zielsetzung ein und machst direkt zu Beginn klar, worüber du auf den folgenden Seiten schreiben wirst. Alternativ kannst du auch eine Detailfrage stellen und damit auf einen Teilaspekt der folgenden Ausführungen aufmerksam machen. Wichtig ist nur, dass du die Frage offen formulierst. Rhetorische Fragen oder Suggestivfragen verfehlen hingegen ihr Ziel, weil deine Absicht darin besteht, im Folgenden die Antwort zu erläutern.

Grundsätzlich solltest du zwischen direkten Fragen und eingebetteten Fragen unterscheiden. In sachlichen und wissenschaftlichen Texten sind direkte Fragen in der Regel unüblich und könnten sogar gegen stilistische Vorgaben verstoßen, weil eine direkte Kommunikation zwischen Autor und Leser vermieden werden sollte. In solchen Fällen kannst du eine indirekte Fragestellung formulieren.

✐ Anleitung

Formuliere fünf übergeordnete Fragen und fünf detaillierte Fragestellungen zu deinem aktuellen Thema! Welche Fragen könntest du als Kapiteleinstieg nutzen? Und wie machst du danach weiter?

★ Beispiele

Direkte (übergeordnete) Frage: Wie funktioniert das Modell von Lehmann und Kuhnert? Um diese Frage zu beantworten, werden im Folgenden …

Eingebettete Fragestellung: In diesem Kapitel wird die Fragestellung behandelt, wie das Modell von Lehmann und Kuhnert funktioniert. Dazu werden zunächst …

Direkte (detaillierte) Frage: Welchen Einfluss hat Parameter X im Modell von Lehmann und Kuhnert in Bezug auf …?

Benutze ein Zitat!

✿ Technik

Ein Zitat ist eine einfache und elegante Möglichkeit, um einen neuen Abschnitt anzufangen. Besonders zu Beginn eines übergeordneten Kapitels können Zitate einen gehaltvollen Einstieg bilden. Außerdem sind sie als Stilmittel in der Wissenschaft akzeptiert und stoßen fast nie auf Ablehnung. Viele Dozenten bedienen sich selbst bei bekannten Autoren und zitieren sie, wann immer sich eine Gelegenheit dazu bietet.

Das Zitat einer bekannten Person aus dem thematischen Spannungsfeld deiner Arbeit kann dir dabei nicht nur als solide Starthilfe, sondern auch als Anknüpfungspunkt dienen. Dazu baust du nach dem Zitat eine Verbindung zu deinem Thema auf und schließt dann ohne zu zögern deine eigenen Inhalte an. Häufig werden dabei Zitate von Wissenschaftlerinnen, bekannten Branchengrößen oder Politikern eingesetzt. Grundsätzlich solltest du jedes Zitat in Betracht ziehen, das deinem Text Seriosität und Qualität verleiht.

✎ Anleitung

Finde fünf inhaltlich passende Zitate zu deiner Arbeit! Welche Personenkreise kommen dafür in Betracht? Was möchtest du mit dem Zitat erreichen? Wie knüpfst du an das jeweilige Zitat an?

★ Beispiele

In Bezug auf die Auswirkungen des Klimawandels liefert Weigel eine treffende Zusammenfassung: „…" Darauf aufbauend werden in diesem Kapitel …

„…" Diesen Satz äußerte die Bundeskanzlerin im Jahr 2018 – mit weitreichenden Folgen. Diese werden nun anhand der folgenden Bewertungskriterien analysiert.

„…" So lauteten die letzten Worte von Hamlet in Shakespeares gleichnamiger Tragödie.

Erkläre eine Statistik!

✿ Technik

Nur jeder dreizehnte Student beginnt ein Kapitel mit einer Statistik – und das, obwohl diese Methode beliebt bei Professorinnen und Professoren und einfach in der Umsetzung ist. Beginne deinen Text daher regelmäßig mit Fakten. Klaren, nackten Fakten. Besonders vielversprechend sind überraschende Statistiken, die eine deutliche Aussage, eine unerwartete Entwicklung oder eine Trendwende untermauern. Rationale Menschen lieben interessante Daten. Vor allem dann, wenn diese aktuell sind und neue Erkenntnisse liefern.

Natürlich sollte deine Statistik Relevanz haben und zum Thema passen. Die Quelle spielt ebenfalls eine wichtige Rolle: Zahlen aus der Bildzeitung haben eine andere Wertigkeit als Informationen des Statistischen Bundesamtes. Nachdem du deine Statistik kurz und bündig beschrieben hast, solltest du eine Erklärung hinterherschieben und die jeweiligen Fakten einordnen. Im Anschluss stellst du eine Verbindung zu deinen eigenen Inhalten her und schreibst weiter.

✐ Anleitung

Finde drei passende Statistiken zu deinem Thema! Auf welche Quellen kannst du zurückgreifen? Welche Botschaft möchtest du mit der jeweiligen Statistik vermitteln?

★ Beispiele

Die Produktion von Steinkohle innerhalb der Europäischen Union ist im letzten Jahr um 25 Prozent zurückgegangen. Dies kann unter anderem zurückgeführt werden auf …

Die Anzahl der psychischen Erkrankungen ist innerhalb der letzten fünf Jahre kontinuierlich angestiegen. Dies belegen neue Zahlenreihen des Statistischen Bundesamtes. Bezugnehmend auf diese Entwicklung wird im folgenden Kapitel …

Beschreibe eine Abbildung!

✿ Technik

Wenn es das Thema deiner Studienarbeit zulässt und du es etwas anschaulicher magst, kannst du ein neues Kapitel mit einer Abbildung beginnen. Dabei kannst du auf Diagramme, Prozessskizzen, Fotos oder sonstige Grafiken zurückgreifen, die zu deinem Fachbereich passen. So kannst du dabei vorgehen: Du schreibst zunächst ein paar einleitende Sätze zu deiner Grafik, präsentierst dann die Abbildung und erläuterst diese im Anschluss.

Dieses Prozedere hat mehrere Vorteile: Erstens kannst du mithilfe einer passenden Grafik viele Informationen auf einmal zeigen und damit für Orientierung beim Leser sorgen. Zweitens machst du direkt klar, dass du dein Thema verstanden und dir Gedanken über die damit verbundenen Darstellungsmöglichkeiten gemacht hast. Und drittens gibst du der Abbildung durch die knappe Einleitung und die folgende Erklärung einen textlichen Rahmen, wodurch du die formalen und stilistischen Anforderungen nahezu jeder wissenschaftlichen Arbeit einhältst (abgesehen von den Fällen, in denen Grafiken, Tabellen und weitere Elemente auf Zwischenseiten oder an vergleichbaren Orten eingefügt werden müssen).

✎ Anleitung

Erstelle eine einleitende Grafik für ein neues Kapitel! Welche Arten von Abbildungen kommen in Betracht? Wie kannst du die formalen Anforderungen an Grafiken und Abbildungen deiner Prüferin bzw. deines Prüfers einhalten? Wie setzt du deine Arbeit nach der Beschreibung der Abbildung fort?

★ Beispiele

Weltweit haben sich zwei verschiedene Herstellungsverfahren für Stahl etabliert. Diese sind in der folgenden Abbildung dargestellt.

Das Wettbewerbsrecht in Deutschland umfasst das Lauterkeitsrecht und das Kartellrecht. Die wichtigsten Entwicklungen der letzten drei Jahrzehnte können dem folgenden Zeitstrahl entnommen werden.

Führe ein Beispiel an!

✿ Technik

Anstatt mit einer theoretischen Einleitung kannst du ein neues Kapitel auch mit einem Beispiel beginnen. Mithilfe eines Anwendungsbeispiels kannst du einen praktischen Bezug schaffen und auf aktuelle Entwicklungen innerhalb deines Themengebiets hinweisen. Darüber hinaus lassen Beispiele deinen Text lebendig wirken und können deine Erklärungsansätze verdeutlichen. Insbesondere bei Nischenthemen oder fachspezifischen Unterkapiteln ist die inhaltliche Bedeutung häufig nicht auf den ersten Blick klar. Indem du ein Beispiel anführst und damit einen Bezug zur Realität schaffst, kannst du diesen Nachteil jedoch ausgleichen.

Dein Beispiel sollte allerdings logisch sein und nicht übermäßig konstruiert wirken. Es spricht auch nichts dagegen, auf bereits bekannte Beispiele anderer Autorinnen und Autoren zu verweisen oder deren Ansätze für deine Arbeit zu modifizieren. Je nach Studienfach kann der Einsatz von Beispielen bereichernd oder eher ungeeignet für den Beginn eines neuen Kapitels sein. Letztendlich ist es eine Stilfrage, die du mit deinem wissenschaftlichen Betreuer oder deiner Betreuerin abstimmen solltest.

✐ Anleitung

Bestimme fünf Anwendungsbeispiele, die zu deinem Thema passen und als Einleitung dienen können! Wie kannst du von dem jeweiligen Beispiel auf dein eigenes Thema überleiten?

★ Beispiele

Der Bauhausstil entwickelte sich zu einer der einflussreichsten Stilrichtungen Deutschlands. Welche weiteren Einflüsse das Design im 20. Jahrhundert geprägt haben, wird im folgenden Kapitel herausgestellt.

Der Verbrennungsmotor ist eine industriell hergestellte Wärmekraftmaschine, die chemische Energie in mechanische Arbeit umwandelt. Die thermodynamischen Grundlagen zu diesem Prozess werden im Folgenden erläutert.

Nimm Bezug auf eine Referenzquelle!

✿ Technik

Zu Beginn eines neuen Kapitels musst du nicht zwingend deine eigenen Inhalte an die erste Stelle setzen. Vielmehr kannst du deinen Text mit einer externen Quelle beginnen lassen und darauf Bezug nehmen. Auf diese Weise zeigst du Weitsicht und kannst dein Thema geschickt in einen größeren Kontext einordnen.

So könntest du zum Beispiel auf eine ähnliche, thematisch passende Studie verweisen oder dich auf aktuelle Forschungsergebnisse eines bekannten Wissenschaftlers berufen. Des Weiteren kannst du dich auf Grundlagenliteratur beziehen oder einen geeigneten Fachartikel als Referenzquelle einsetzen. Nachdem du den externen Verweis erbracht und diesen kurz erläutert hast, stellst du eine Verbindung zu deinem ursprünglichen Thema her und platzierst deine eigenen Inhalte. Achte bei deiner Auswahl auf wissenschaftliche Relevanz und die Seriosität der Quelle.

✎ Anleitung

Recherchiere drei Referenzquellen, die als Kapiteleinstieg für deine Arbeit infrage kommen! Welche Autorinnen und Autoren sind in deinem Themenbereich besonders gefragt? Wer wird häufig zitiert? Auf wen beruft sich deine Prüferin bzw. dein Prüfer?

★ Beispiele

In ihrer Studie aus dem Jahr 2017 zeigen Allen et al. die Unterschiede im Reaktionsverhalten verschiedener Wasserstoffgemische. Daran schließen sich die folgenden Untersuchungen an.

In seiner Dissertation über spezielle Aspekte des Völkerrechts in Westafrika erklärt O'Brien den folgenden Zusammenhang: … Dieser Gedanke soll im aktuellen Kapitel vertieft werden.

Anknüpfend an die Herleitung von Stajeczin soll im Folgenden der Einfluss der Winkelgeschwindigkeit untersucht werden.

Ziehe einen Vergleich!

✿ Technik

Vergleiche eignen sich als Einstieg in ein neues Kapitel besonders gut, um Kennzahlen einzuordnen oder um komplexere Zusammenhänge zu veranschaulichen. Dabei solltest du beachten, dass ein Vergleich zwar interessant sein muss, aber nicht unrealistisch erscheinen darf. Es muss ein fundierter Bezug zu deinem eigentlichen Thema vorliegen – ansonsten verliert dieses Stilmittel seine Wirkung.

Vergleiche lassen sich zudem hervorragend mit anderen Eröffnungsmöglichkeiten kombinieren (zum Beispiel in Verbindung mit Statistiken, Beispielen oder Referenzquellen).

✎ Anleitung

Finde fünf passende Vergleiche für einzelne Themen deiner Arbeit! Wie kannst du diese Vergleiche einsetzen, ohne einen zu weiten Rahmen zu spannen? Was möchtest du mit den Vergleichen jeweils aussagen?

★ Beispiele

Die Mineralölbranche erwirtschaftet in Nigeria einen jährlichen Umsatz von … Das ist mehr als ein Drittel des Bruttoinlandsprodukts. Aufgrund dieses bedeutenden Wirtschaftssektors wird im folgenden Kapitel …

Die Anzahl der drogenabhängigen Personen in Berlin ist im letzten Jahrzehnt angestiegen. Verglichen mit anderen europäischen Hauptstädten wie London oder Paris lässt sich jedoch erkennen, dass … Die Hintergründe dieser Beobachtung werden im folgenden Kapitel analysiert.

Im direkten Vergleich mit den experimentellen Untersuchungen von Anna Nikolovic et al. soll in diesem Kapitel eine weitere Variation der Einsatzstoffe untersucht werden.

Führe ein Interview durch!

✿ Technik

Interviews – oder Auszüge davon – können ähnlich eingesetzt werden wie Zitate und liefern einen praxisnahen Einstieg in dein Kapitel. Im Rahmen eines Interviews lässt du eine Expertin oder einen Experten zu deinem Arbeitsthema zu Wort kommen und leitest damit deine weiteren Ausführungen ein. Dabei kannst du entweder ein Wortlaut-Interview durchführen, die inhaltlichen Aussagen deines Interviewpartners zusammenfassen und verdichten, oder gar Gesprächspassagen anführen, die du aus externen Quellen recherchiert hast.

Grundsätzlich solltest du darauf achten, dass das Interview nicht zu ausführlich wird – es soll schließlich als Einleitung dienen und nicht den Hauptteil des Kapitels ausmachen. Außerdem solltest du die Wahl des Interviewpartners mit Bedacht vornehmen. Insbesondere Personen, die reißerische Positionen vertreten oder in der öffentlichen Kritik stehen, könnten ein schlechtes Licht auf deinen Text werfen.

✎ Anleitung

Finde drei Personen, die für ein Interview im Rahmen deiner Arbeit infrage kommen und stelle eine Gesprächsanfrage! Welche Fachfragen könntest du diesen Menschen stellen? Kannst du möglicherweise die Kontakte deines Prüfers oder deiner Prüferin nutzen?

★ Beispiele

Wenn es nach dem Vorstandsvorsitzenden der Deutschen Bank geht, werden auch im nächsten Jahr steigende Investitionen im asiatischen Raum erwartet. Aus diesem Grund soll auf den folgenden Seiten …

In einem Interview mit der FAZ stellte die Forscherin Bettina Schmidt im Sommer 2017 fest: „…". In Bezug auf die vorliegende Fragestellung können folgende Schlüsse gezogen werden …

Stelle eine These auf!

⚙ Technik

Je nach Thema und Kapitelschwerpunkt kannst du einen neuen Abschnitt mit einer passenden These eröffnen. Dazu stellst du eine Behauptung auf, die dann als Ausgangspunkt für die weitere Argumentation dient. Allzu reißerisch und provokant sollte deine These jedoch nicht sein, da dein Text ansonsten populistisch und wenig fundiert wirken könnte. Lehne deine These daher an einen zuvor erklärten Sachverhalt an oder berufe dich auf bereits bekannte Ergebnisse.

Außerdem kannst du deine These auf eine externe Quelle folgen lassen und damit einen wissenschaftlichen Zusammenhang herstellen. Falls dir eine Behauptung als Einstieg zu direkt erscheint, kannst du die These auch im Konjunktiv oder als Fragestellung formulieren.

✏ Anleitung

Stelle fünf Thesen auf, die zu deinem Thema passen! Wie könntest du diese Behauptungen begründen? Liegen Daten oder Fakten vor, die deine Thesen belegen? Auf welche Quellen kannst du dich berufen?

★ Beispiele

Bisherige Untersuchungen zum Paarungsverhalten von Blauwalen haben gezeigt, dass ... Aus diesem Grund wird vermutet, dass die durchgeführte Studie vergleichbare Ergebnisse liefern wird.

Der Einfluss des demographischen Wandels auf das Konsumverhalten könnte in den kommenden Jahren weiter zunehmen. Diese These soll anhand ausführlicher Zeitreihen im vorliegenden Kapitel untersucht werden.

Eine Befeuerung mit Erdgas könnte zu einer deutlichen Reduktion der CO_2-Emissionen führen. Um diese Vermutung zu überprüfen, wird im Folgenden ...

Nimm das Ergebnis vorweg!

⚙ Technik

Der typische Aufbau eines Kapitels folgt diesem chronologischen Verlauf: Einleitung (Fragestellung), Hauptteil (Argumentation, Lösungsweg), Schluss (Ergebnisse, Diskussion). Je nach Themenschwerpunkt und Studienfach kann diese Aufteilung bzw. Reihenfolge variieren. Grundsätzlich kannst du dich jedoch an diesem Ablauf orientieren – und hin und wieder dagegen verstoßen. Beginne dein Kapitel dazu mit einer Zusammenfassung der Erkenntnisse und nimm die Ergebnisse vorweg! Danach erklärst du, warum die Resultate wichtig sind und beschreibst dann den Entstehungsprozess.

Durch die Vorwegnahme der Ergebnisse zeigst du direkt zu Beginn, welchen Mehrwert das Kapitel liefert. Du fällst sozusagen mit der Tür ins Haus, allerdings ohne dabei die Qualität deiner Arbeit zu mindern. Mithilfe des ungewöhnlichen Anfangs nimmst du vielmehr ein inhaltliches Framing vor, wodurch die folgenden Erklärungen intensiver wahrgenommen werden (da die Ergebnisse bereits bekannt sind). Besonders bei zentralen Erkenntnissen kann dieses Vorgehen als bereichernd wahrgenommen werden.

✐ Anleitung

Fasse die Erkenntnisse und Ergebnisse von jedem Kapitel deiner Arbeit in einem Satz zusammen! Wie könntest du schon zu Kapitelbeginn auf diese Ergebnisse hinweisen? An welchen Stellen kann dieses Vorgehen sinnvoll sein? Wann ist es unangebracht?

★ Beispiele

Die Berechnungen der Viskosität im Rahmen der zweiten Versuchsreihe haben zu den folgenden Ergebnissen geführt ... Unter welchen Voraussetzungen die Messungen vorgenommen wurden und welche Besonderheiten dabei zu beachten waren, wird im Folgenden dargestellt.

Anders als in seinen vorherigen Werken, setzt Goethe bei der Charakterentwicklung im dritten Akt ein modernes Konzept ein. Ausgangspunkt hierfür ist ...

Kapitel 6

Satzanfänge

⊲ Einleitung

Bei deiner Studienarbeit kommt es nicht nur darauf an, was du schreibst, sondern auch, wie du es formulierst. Die besten Forschungsarbeiten verlieren ihren Glanz, wenn sie monoton und stillos aufbereitet werden. Hinzu kommt: Wenn dir die sprachlichen Werkzeuge zum Schreiben fehlen, ist jeder Satz eine Qual. Du findest keinen Anfang, deine Struktur wirkt verworren und die Argumentation leidet. Das alles kostet dich Zeit, Energie und Klarheit. Satzfänge sind daher ein kritisches Element. Die meisten Studentinnen und Studenten kennen sich zwar in ihrem Thema aus, wissen jedoch nicht, wie sie anfangen sollen. Sie fühlen sich unsicher, finden keinen passenden Satzanfang und suchen minutenlang nach dem richtigen Einstieg. Aus diesem Grund werden in diesem Kapitel ca. 200 verschiedene Möglichkeiten präsentiert, mit deren Hilfe du einen neuen Satz stilvoll beginnen und sinnvoll weiterführen kannst.

♀ Tipps

Es gibt unendlich viele Möglichkeiten, wie du deine Sätze beginnen kannst. Die geläufigsten Satzanfänge habe ich in den folgenden Kategorien für dich zusammengefasst. Diese werden dir dabei helfen, einen schnellen Einstieg zu finden und systematischer zu schreiben (weitere Beispiele findest du im Bonusmaterial, den Link dazu gibt es auf der letzten Seite dieses Buches):

- ✔ Nutze sequenzielle Satzanfänge!
- ✔ Nutze chronologische Satzanfänge!
- ✔ Nutze resümierende Satzanfänge!
- ✔ Nutze schlussfolgernde Satzanfänge!
- ✔ Nutze vergleichende Satzanfänge!
- ✔ Nutze nummerierende Satzanfänge!
- ✔ Nutze quantitative Satzanfänge!
- ✔ Nutze beschreibende Satzanfänge!
- ✔ Nutze bezugnehmende Satzanfänge!
- ✔ Nutze sonstige Satzanfänge!

Nutze sequenzielle Satzanfänge!

✿ Technik

Mit sequenziellen oder ordnenden Satzanfängen bestimmst du die Reihenfolge von Ereignissen und beschreibst den Ablauf eines Prozesses. Diese Art der Einleitung ist sehr einfach und auf alle Themen anwendbar. Dabei überlegst du dir als Erstes eine Abfolge für die Inhalte, die du beschreiben möchtest. Dazu kannst du Stichpunkte notieren und eine grobe Sortierung deiner Kerngedanken vornehmen. Danach nutzt du sequenzielle Satzanfänge, um die wichtigsten Informationen aneinanderzureihen.

✎ Anleitung

Bilde fünf Sätze mit sequenziellen Satzanfängen, die zu deiner Studienarbeit passen! Nutze dazu die Vorschläge aus den folgenden Beispielen oder greife auf die XXL-Ideensammlung aus dem Bonusmaterial zurück. Fallen dir noch weitere Satzanfänge aus dieser Kategorie ein? Wie könnte der darauffolgende Satz aussehen?

★ Beispiele

Zunächst: Zunächst werden die wissenschaftlichen Ansätze vorgestellt und die theoretischen Grundlagen verdeutlicht.

Anschließend: Anschließend werden die Modellierungsansätze hergeleitet und verglichen.

Danach: Danach folgt die Berechnung unterschiedlicher Szenarien in Bezug auf die zuvor definierten Kennwerte.

Weitere Möglichkeiten: zuerst, an dieser Stelle, des Weiteren, darüber hinaus, ehe, danach, gleichzeitig, daraufhin, anschließend, im Anschluss, als Nächstes, dieses Mal, momentan, hinterher, später, ferner, infolgedessen, vorher, darauffolgend, zugleich …

Nutze chronologische Satzanfänge!

✿ Technik

Mit chronologischen Satzanfängen stellst du einen zeitlichen Bezug zu deinen Inhalten her und ermöglichst dadurch einen Einstieg in deinen Text. Dieses Vorgehen ist nur dann geeignet, wenn du den korrekten zeitlichen Rahmen kennst oder gesicherte Informationen über die chronologische Abfolge der zu beschreibenden Ereignisse hast. Dieses Stilmittel solltest du dementsprechend sparsam einsetzen und an die Beschaffenheit deines Themas anpassen.

✎ Anleitung

Bilde fünf Sätze mit chronologischen Satzanfängen, die zu deiner Studienarbeit passen! Nutze dazu die Vorschläge aus den folgenden Beispielen oder greife auf die XXL-Ideensammlung aus dem Bonusmaterial zurück. Fallen dir noch weitere Satzanfänge aus dieser Kategorie ein? Wie könnte der darauffolgende Satz aussehen?

★ Beispiele

Seit: Seit den 1950er-Jahren wird die Psychoanalyse nach dem zuvor erläuterten Ansatz durchgeführt …

Im Jahr: Im Jahr 2018 lag das Bruttoinlandsprodukt in Australien bei einem Wert von …

Während: Während der Insektenforscher Alfred Miller im Jahr 1977 die Architektur von Termitenhügeln verglich, stellte seine Kollegin Anna Techonowa drei Jahre später in einem Experiment heraus, dass …

Weitere Möglichkeiten: zur gleichen Zeit, in letzter Zeit, seit Kurzem, vor Kurzem, zuletzt, momentan, zurzeit, vor, bereits, kürzlich, aktuell, gegenwärtig, derzeit, zur Stunde, neulich, mittlerweile, inzwischen, währenddessen, im Laufe der Zeit, zwischenzeitlich, derweil, nachdem, unterdessen …

Nutze resümierende Satzanfänge!

✿ Technik

Mit dem Einsatz von resümierenden Satzanfängen greifst du auf die zuvor präsentierten Informationen zurück, verdichtest diese Erkenntnisse und fasst sie präzise zusammen. Dabei solltest du Wort-für-Wort-Wiederholung vermeiden und stattdessen nach einer neuen, aussagekräftigen Formulierung suchen. Darauf aufbauend kannst du Erklärungsansätze liefern, eine kritische Diskussion beginnen oder zu einem anderen Thema wechseln.

✎ Anleitung

Bilde fünf Sätze mit resümierenden Satzanfängen, die zu deiner Studienarbeit passen! Nutze dazu die Vorschläge aus den folgenden Beispielen oder greife auf die XXL-Ideensammlung aus dem Bonusmaterial zurück. Fallen dir noch weitere Satzanfänge aus dieser Kategorie ein? Wie könnte der darauffolgende Satz aussehen?

★ Beispiele

Es lässt sich feststellen, dass die Versuchsreihe einen Teil der bisherigen Erkenntnisse über Wühlmäuse bestätigt.

Global betrachtet zeichnen die bisherigen Erkenntnisse über den Klimawandel ein kritisches Bild der industriellen Erdölproduktion.

Die vorgestellten Betrachtungsweisen machen die Vielseitigkeit der Interpretationsansätze zu Dürrenmatts Werk deutlich.

Weitere Möglichkeiten: letztendlich, solange, gelegentlich, resümierend, wenn, abschließend, schließlich, im Nachhinein, sodann, zusammenfassend, rückblickend, als Fazit lässt sich festhalten, insgesamt, es wurde gezeigt, dass …

Nutze schlussfolgernde Satzanfänge!

✿ Technik

Mit schlussfolgernden Satzanfängen gehst du auf die zuvor beschriebenen Inhalte ein und interpretierst die dargestellten Informationen. Diese Art des Einstiegs wird häufig in Kombination mit einer knappen Zusammenfassung verwendet, um die Schlussfolgerung verständlich zu begründen. Schlussfolgernde Satzanfänge kommen besonders am Ende eines Kapitels, beim Übergang von einem Sinnabschnitt zum nächsten oder innerhalb von erläuternden Textpassagen zum Einsatz.

✏ Anleitung

Bilde fünf Sätze mit schlussfolgernden Satzanfängen, die zu deiner Studienarbeit passen! Nutze dazu die Vorschläge aus den folgenden Beispielen oder greife auf die XXL-Ideensammlung aus dem Bonusmaterial zurück. Fallen dir noch weitere Satzanfänge aus dieser Kategorie ein? Wie könnte der darauffolgende Satz aussehen?

★ Beispiele

Die bisherigen Untersuchungen haben gezeigt, dass … Daraus lässt sich schlussfolgern …

In Anlehnung an die zuvor beschriebenen Wirkungsmechanismen lassen sich folgende Erkenntnisse herleiten …

Infolge der eindeutigen Testergebnisse kann das Verhalten der beiden Testgruppen folgendermaßen beschrieben werden …

Weitere Möglichkeiten: hiernach, also, daher, definitionsgemäß, eben, aus diesem Grund, folglich, dementsprechend, demnach, demzufolge, aufgrund, aufgrund dessen, infolgedessen, ebendarum, so, somit, infolge, wegen, aufgrund, ursächlich hierfür ist, daraus resultierend, angelehnt an, deshalb …

Nutze vergleichende Satzanfänge!

✿ Technik

Mit vergleichenden Satzanfängen stellst du bestimmte Informationen oder zuvor entwickelte Erkenntnisse einander gegenüber. Somit ermöglichen dir diese Anfänge einen guten Einstieg in einen neuen Satz, wobei solche Textbausteine bei zwei bis vier Vergleichswerten sinnvoll eingesetzt werden können. Bei mehr als vier Vergleichsobjekten sollte eine zusätzliche Grafik oder Tabelle eingefügt werden, um die Übersichtlichkeit deiner Aussagen zu gewährleisten.

✐ Anleitung

Bilde fünf Sätze mit vergleichenden Satzanfängen, die zu deiner Studienarbeit passen! Nutze dazu die Vorschläge aus den folgenden Beispielen oder greife auf die XXL-Ideensammlung aus dem Bonusmaterial zurück. Fallen dir noch weitere Satzanfänge aus dieser Kategorie ein? Wie könnte der darauffolgende Satz aussehen?

★ Beispiele

Im Vergleich zu den Untersuchungen von Alexandra Werner kommt Thomas Matic zu einem anderen Schluss.

Während die Zugfestigkeit des Referenzmaterials einen Wert von X beträgt, weist die neue Legierung eine deutliche Erhöhung dieser Kennzahl auf.

Ein ähnliches Verhalten zeigen diejenigen Pflanzenarten, die mit der Testsubstanz B2 besprüht wurden.

Weitere Möglichkeiten: zumal, angesichts, jedoch, gleichermaßen, dennoch, nichtsdestotrotz, im Gegensatz dazu, allerdings, weder, neben, abgesehen von, zwischen, indessen, gleichwohl, trotz allem, dessen ungeachtet, hierbei, vorsichtshalber, differenzierend, nichtsdestoweniger, vielmehr, wenn nicht, teilweise, einerseits, andererseits, parallel dazu, obwohl, im Kontrast, trotz, wiederum, es sei denn, hingegen, im Unterschied dazu, vergleichend, zugegebenermaßen, zum einen, zum anderen …

Nutze nummerierende Satzanfänge!

⚙ Technik

Mit nummerierenden Satzanfängen kannst du deine Inhalte zum einen sortieren und zum anderen gewichten: Du legst sozusagen ein zeitliches Ranking und ein Wichtigkeitsgefälle fest. Damit liegt hier eine Sonderform von sequenziellen und chronologischen Satzanfängen vor. Aufgrund der Nummerierung wirkt dieses Stilmittel allerdings deutlich plakativer, was zu einer klareren Struktur deines Textes führt.

✎ Anleitung

Bilde fünf Sätze mit nummerierenden Satzanfängen, die zu deiner Studienarbeit passen! Nutze dazu die Vorschläge aus den folgenden Beispielen oder greife auf die XXL-Ideensammlung aus dem Bonusmaterial zurück. Fallen dir noch weitere Satzanfänge aus dieser Kategorie ein? Wie könnte der darauffolgende Satz aussehen?

★ Beispiele

Die erste wichtige Beobachtung von John Ratcliff bezieht sich auf die Vater-Sohn-Beziehung und verdeutlicht, dass …

Im Rahmen der zweiten Versuchsanordnung wurde ein dünnes Metallband eingebaut, um die Wärmeleitfähigkeit exakter bestimmen zu können …

Eine weitere Erkenntnis lässt sich aus der jährlichen Kindersterblichkeitsrate ableiten …

Weitere Möglichkeiten: erstens, zweitens, drittens, zum Ersten, zum Zweiten, an erster Stelle, zusätzlich, auch, außerdem, weiterhin, ebenfalls, zudem, darüber hinaus, ein anderer Aspekt, ein weiterer Aspekt, ein Grund von, ein Vorteil von …

Nutze quantitative Satzanfänge!

✿ Technik

Mit quantitativen Satzanfängen setzt du Zahlen und Fakten an die erste Stelle. Sie ermöglichen dir so den Zugang zu einem komplexen Satz. Diese Form kann besonders bei numerischen Beschreibungen, analytischen Bewertungen und der Beschreibung von Ergebnissen eingesetzt werden. Dabei ist es häufig gar nicht nötig, exakte Zahlen zu nennen; Größenordnungen, Abschätzungen oder Vergleiche reichen in der Regel aus.

✏ Anleitung

Bilde fünf Sätze mit quantitativen Satzanfängen, die zu deiner Studienarbeit passen! Nutze dazu die Vorschläge aus den folgenden Beispielen oder greife auf die XXL-Ideensammlung aus dem Bonusmaterial zurück. Fallen dir noch weitere Satzanfänge aus dieser Kategorie ein? Wie könnte der darauffolgende Satz aussehen?

★ Beispiele

53 Millionen Menschen leben laut einer Studie der WHO mit einer seltenen Krankheit, die sich X nennt.

Circa 47 Jahre hielt die Bausubstanz den Belastungen der Witterung stand – dann traten erste Rissbildungen auf.

Deutlich weniger Soldaten (ca. 12.300) schickte der chinesische General Xi Pi in die Schlacht um den Berg am roten Grenzfluss.

Weitere Möglichkeiten: eins, zwei, drei, exakt, bei, um, im Jahr, mit einem Wert von, in etwa, beinahe, ungefähr, mit einer Quote von, genauso viele, kaum, knapp, nahezu, halb so viele, annähernd, fast …

Nutze beschreibende Satzanfänge!

✿ Technik

Beschreibende Satzanfänge eignen sich für jede Art der Einleitung. Sie sind multifunktional und können unabhängig vom Themengebiet oder Studienfach eingesetzt werden. Diese Satzanfänge beziehen sich auf Merkmale oder Eigenschaften der zu beschreibenden Informationen und richten den Fokus auf eine detaillierte Darstellung des Themas. Aufgrund ihres variablen Charakters kannst du besonders dann auf beschreibende Elemente zurückgreifen, wenn eine andere, konkretere Eröffnungsform nicht zu den gewünschten Inhalten passt.

✎ Anleitung

Bilde fünf Sätze mit beschreibenden Satzanfängen, die zu deiner Studienarbeit passen! Nutze dazu die Vorschläge aus den folgenden Beispielen oder greife auf die XXL-Ideensammlung aus dem Bonusmaterial zurück. Fallen dir noch weitere Satzanfänge aus dieser Kategorie ein? Wie könnte der darauffolgende Satz aussehen?

★ Beispiele

Die wichtigsten Bestandteile der verabschiedeten Steuerreform können in drei Kategorien eingeteilt werden. Dazu zählen …

Zu den Nachteilen der untersuchten Turbinenschaufel im Testlabor zählen zum einen …

Deckungsbeitrag, Preisspanne und interner Zinsfuß sind die wichtigsten Parameter des Optimierungsmodells von Marwin Kringel, weil …

Weitere Möglichkeiten: erst, in dem Fall, besonders, zumindest, Ausgangspunkt hierfür ist, in der Absicht, mit dieser Begründung, das heißt, dabei, derartige, direkter Verweis, nennenswert hierbei, exemplarisch hierfür, hier, im Abschnitt, empirisch betrachtet, historisch betrachtet, bezugnehmend, inmitten, zur, über, hinter, bei genauerer Betrachtung von …

Nutze bezugnehmende Satzanfänge!

✿ Technik

Bezugnehmende Satzanfänge funktionieren ähnlich wie vergleichende Satzeinstiege, aber verweisen darüber hinaus direkt auf ein Ergebnis, eine Sache oder eine Person. Diese Stilmittel sind besonders dann angebracht, wenn du Informationen oder Erkenntnisse in einen wissenschaftlichen Rahmen einordnen oder in Relation setzen möchtest.

✏ Anleitung

Bilde fünf Sätze mit bezugnehmenden Satzanfängen, die zu deiner Studienarbeit passen! Nutze dazu die Vorschläge aus den folgenden Beispielen oder greife auf die XXL-Ideensammlung aus dem Bonusmaterial zurück. Fallen dir noch weitere Satzanfänge aus dieser Kategorie ein? Wie könnte der darauffolgende Satz aussehen?

★ Beispiele

Bezugnehmend auf die Ergebnisse aus Kapitel 4 lassen sich die folgenden Verbesserungspotenziale herleiten: ...

Neben der Studie von Beatrice Bell belegen Funde im Nildelta die Existenz von Mikrokulturen.

Ohne den Einsatz der zuvor erklärten Funktion beträgt die erwartete Rechenzeit ein Vielfaches dessen, was Kathrin Hofer in ihrer Dissertation veranschlagt.

Weitere Möglichkeiten: laut, gemäß, in Übereinstimmung mit, bei, basierend auf, folglich, im Unterschied zu, in Bezug auf, hinsichtlich, im Vergleich zu, verglichen mit, in Anlehnung an ...

Nutze sonstige Satzanfänge!

✿ Technik

Wie eingangs erwähnt gibt es unendlich viele Möglichkeiten dafür, wie du einen Satz beginnen kannst. Darüber hinaus lassen sich nicht alle Satzanfänge einer festen Kategorie zuordnen: Manche Anfänge passen gleich in mehrere Schubladen oder bilden für sich genommen eine eigene Gruppe. Um diese sonstigen Satzanfänge geht es auf dieser Seite.

✎ Anleitung

Bilde fünf Sätze mit sonstigen Satzanfängen, die zu deiner Studienarbeit passen! Nutze dazu die Vorschläge aus den folgenden Beispielen oder greife auf die XXL-Ideensammlung aus dem Bonusmaterial zurück. Fallen dir noch weitere Satzanfänge aus dieser Kategorie ein? Wie könnte der darauffolgende Satz aussehen?

★ Beispiele

Name: Martin Luther King gilt als einer der herausragendsten Verfechter des gewaltfreien Widerstands gegen Unterdrückung und soziale Ungleichheit.

Personalpronomen: Sie wird in der katholischen Kirche seit jeher als Heilige verehrt.

Possessivpronomen: Sein Augenmerk lag hierbei auf der Systematisierung der Erfolgsfaktoren beim Wissensmanagement.

Substantiviertes Verb: Diskutieren war schon im antiken Griechenland die beliebteste Art der Konversation.

Fragend: Wo diese Entwicklungen letztendlich hinführen werden, bleibt abzuwarten.

Kapitel 7

Zusatzelemente

✐ Einleitung

Wissenschaftliche Arbeiten bestehen in der Regel nicht komplett aus einfachem Fließtext. Es mag zwar eine Handvoll Ausnahmen geben, aber der überwiegende Anteil der Studienarbeiten weist zusätzliche Elemente wie Grafiken, Tabellen oder Aufzählungen auf. Selbst in linguistischen, juristischen oder anderen „textlastigen" Arbeiten herrscht eine gewisse Abwechslung. Und genau diese Form der Durchmischung kann dir dabei helfen, deinen Schreibprozess zu verbessern. Wenn du zusätzliche Textbausteine gezielt einsetzen kannst, räumst du auftretende Schreibblockaden geschickt aus dem Weg und kannst gleichzeitig die Qualität deiner Studienarbeit steigern. Einige dieser Elemente treten fächerübergreifend auf; andere sind hingegen spezifischer und können nicht ohne Weiteres eingesetzt werden. Die gängigsten Möglichkeiten kannst du in diesem Kapitel nachlesen.

♀ Tipps

Mit den folgenden Elementen kannst du deine Aussagen verdeutlichen, deinen Text auflockern und für mehr Vielfalt beim Schreiben sorgen:

- ✔ Erkläre eine Abbildung!
- ✔ Verwende ein Diagramm!
- ✔ Erläutere eine Formel!
- ✔ Setze eine Tabelle ein!
- ✔ Erstelle eine Aufzählung!
- ✔ Lege einen Exkurs ein!
- ✔ Liefere eine Definition!
- ✔ Platziere einen Verweis!
- ✔ Präsentiere ein Anwendungsbeispiel!
- ✔ Ziehe eine Zwischenbilanz!

Erkläre eine Abbildung!

✿ Technik

Abbildungen können in so gut wie jeder Studienarbeit eingesetzt werden und eignen sich wunderbar zum Auflockern reiner Textpassagen. Dabei kannst du auf Fotos, Infografiken, Skizzen oder sonstige visuelle Elemente zurückgreifen, die zu deinem Thema passen. Neben ihrem optischen Erscheinungsbild bieten Abbildungen noch einen weiteren großen Vorteil: Sie erfordern in der Regel eine schriftliche Erläuterung. Und diese Erläuterung kann dir über eine Schreibblockade hinweghelfen. Erstens, indem du deine Abbildung mit ein paar Sätzen einleitest und zweitens, weil du jede Grafik mit wenig Aufwand erklären kannst. Du beschreibst mit eigenen Worten, was die Abbildung darstellt, interpretierst das Gezeigte und ziehst Schlüsse daraus. Dieses Vorgehen ist immer gleich und kann dir den Einstieg ins Schreiben erleichtern.

✎ Anleitung

Schreibe einen Einleitungstext für eine Abbildung und erläutere danach den dargestellten Zusammenhang! Welche Arten von Abbildungen kannst du in deiner Studienarbeit nutzen? Welche Abbildungen nutzen deine Dozenten oder bekannte Autorinnen aus deinem Wissensgebiet?

★ Beispiele

Das folgende Foto aus dem Jahr 1949 zeigt Thomas Mann:

[hier Foto einfügen]

Auf der dargestellten Fotografie sind neben Thomas Mann auch seine Frau Katharina und drei seiner Kinder zu sehen. Der Hintergrund des Porträts ist deswegen relevant, weil …

Der Versuchsaufbau ist in der folgenden Abbildung dargestellt:

[hier Zeichnung einfügen]

Die Zeichnung zeigt den Aufbau der Versuchsanordnung. Auf der rechten Seite (A) sind die beiden Erdgasbrenner dargestellt, während an Position (B) …

Verwende ein Diagramm!

✿ Technik

Diagramme sind eine Sonderform von Abbildungen, verdienen allerdings aufgrund ihrer Gestaltungsmöglichkeiten verbunden mit ihrer Anwendungsvielfalt eine eigene Kategorie. Besonders in wissenschaftlichen Arbeiten sind Diagramme ein häufig genutztes Element, um Statistiken visuell darzustellen, zeitliche Entwicklungen zu verdeutlichen oder sonstige Daten aufzubereiten. Balkendiagramme, Kuchendiagramme oder Punktdiagramme zählen zu den bekanntesten Formen. Aber auch Charts, Zeitachsen oder Entscheidungsbäume sind häufig in wissenschaftlichen Texten zu finden. Dabei solltest du Diagramme – genau wie Abbildungen – mit einem kurzen Text einleiten und nach der Präsentation schriftlich erläutern.

✎ Anleitung

Leite ein Diagramm ein und erkläre danach, was in der Abbildung zu sehen ist! Welche Diagramme könntest du im Rahmen deiner Arbeit einsetzen? An welchen Stellen könnten Diagramme deine Argumentation unterstützen?

★ Beispiele

Die Entwicklung des Bruttoinlandsprodukts der USA in den Jahren 1990 bis 2010 ist im folgenden Diagramm dargestellt:

[hier Balkendiagramm einfügen]

Innerhalb des dargestellten Zeitraums ist der Wert des Bruttoinlandsprodukts um 15 Prozent gestiegen. Besonders deutlich …

Das Handelsgesetz sieht gem. § 1 Abs. 2 den folgenden Ablauf zur Entscheidungsfindung vor:

[hier Entscheidungsbaum einfügen]

Nach der bereits erläuterten Prüfung zu Beginn des Ablaufs folgt ein zweistufiger Entscheidungsprozess, der …

Erläutere eine Formel!

✿ Technik

Der Einsatz von Formeln ist nicht für jedes Arbeitsthema gleichermaßen geeignet. Diese Elemente passen deutlich besser zu natur- oder ingenieurwissenschaftlichen Themen als zu juristischen oder sozialwissenschaftlichen Studienarbeiten. Von Fall zu Fall kann jedoch auch hier eine Formel Anwendung finden. Dafür leitest du die Formel zunächst schriftlich ein, stellst dann den Zusammenhang dar und erläuterst dessen Bedeutung. Je nach Komplexität kannst du zudem die Formelzeichen erklären oder intensiv auf Berechnungs- und Umwandlungsschritte eingehen.

✎ Anleitung

Erstelle eine Einleitung für eine Formel oder eine Gleichung und erläutere diese im Anschluss! Ist dein Thema für den Einsatz einer Formel geeignet? An welchen Stellen könnte dir eine Formel weiterhelfen?

★ Beispiele

Die benötigte chemische Energie kann mithilfe der folgenden Gleichung ermittelt werden:

[hier Gleichung einfügen]

In diesem Zusammenhang steht T für die Temperatur in °C, H für die Bildungsenthalpie in …

Die statistische Auswertung der Untersuchung der beiden Testgruppen basiert dabei auf der folgenden Formel:

[hier Formel einfügen]

Durch das Einsetzen der zuvor ermittelten Werte für Testgruppe 1 ergibt sich:

[hier spezifische Formel einfügen]

Dieses Vorgehen kann auf Testgruppe 2 übertragen werden. Im Vergleich zeigen die berechneten Ergebnisse …

Setze eine Tabelle ein!

✿ Technik

Tabellen kannst du ähnlich wie Abbildungen und Diagramme in deine Arbeit integrieren: Du beginnst mit einer präzisen Einleitung und stellst im Anschluss die Ergebnisse und Besonderheiten der gezeigten Tabelle schriftlich dar. Hierbei gibt es jedoch Ausnahmen. Falls deine Tabelle als Ergebnisübersicht dienen soll und am Ende deines Kapitels eingefügt wird, erübrigt sich in der Regel eine nachfolgende Erläuterung (weil du das schon vorher erledigt hast). Ebenso verhält es sich mit Tabellen, die für sich sprechen und keinerlei Erklärung benötigen oder nur teilweise in den Fokus rücken sollen.

✐ Anleitung

Schreibe einen Einleitungstext für eine Tabelle und erläutere danach die dargestellten Informationen. In welchen Kapiteln deiner Arbeit könntest du eine Tabelle einsetzen? Welche Informationen möchtest du darstellen? Zahlen? Daten? Text? An welchen Stellen könntest du eine Übersichtstabelle einfügen, die deine Ergebnisse zusammenfasst?

★ Beispiele

Die Ergebnisse der Immediatanalyse sind in der folgenden Tabelle dargestellt:

[hier Tabelle einfügen]

Insbesondere der Kohlenstoffgehalt, die Restfeuchte und der Anteil an flüchtigen Bestandteilen sollen im Folgenden …

Tabelle 18 zeigt eine Gegenüberstellung der wichtigsten Charaktereigenschaften der zuvor analysierten Protagonisten:

[hier Übersichtstabelle einfügen]

In der ersten Spalte der Tabelle sind die Namen in alphabetischer Reihenfolge eingetragen, während …

Erstelle eine Aufzählung!

✿ Technik

Einige Beschreibungen innerhalb deiner Studienarbeit müssen nicht komplett ausformuliert und vollumfänglich erläutert werden. Stattdessen reicht häufig schon eine prägnante Einleitung, gefolgt von einer Aufzählung. Mithilfe dieses Gestaltungselements präsentierst du dann reine Informationen wie beispielsweise Vorteile, Nachteile, Eigenschaften, Variablen usw. Aufzählungen sorgen für Übersichtlichkeit und erleichtern dir die Schreibarbeit. Außerdem erhöhen geschickt platzierte Aufzählungen die Sachlichkeit deiner Arbeit, weil du auf ausschmückende Beschreibungstexte verzichtest und Fakten in den Fokus stellst.

✐ Anleitung

Erstelle eine Aufzählung zu einem geeigneten Thema deiner Arbeit und bette dieses Element in einen beschreibenden Text ein! Welche Arten von Aufzählungen passen zu deinem Arbeitsthema? In welchen Kapiteln kannst du davon Gebrauch machen?

★ Beispiele

Die angepasste Steuerungseinheit wirkt sich positiv auf das Verfahren aus und bringt folgende Vorteile mit sich:

- Vorteil 1
- Vorteil 2
- Vorteil 3

Die Probanden wurden in drei Gruppen eingeteilt. Den Testpersonen aus Gruppe 1 wurden die folgenden Fragen gestellt:

1. Frage A
2. Frage B
3. Frage C

In Bezug auf Gruppe 2 wurden folgende Fragen formuliert …

Lege einen Exkurs ein!

⚙ Technik

Ein Exkurs ist ein in sich geschlossener Textabschnitt innerhalb deiner Arbeit, der nicht direkt mit deinem eigentlichen Thema in Verbindung stehen muss. Es handelt sich um eine wissenschaftliche Abschweifung, die entweder Hintergrundinformationen zu einem bestimmten Sachgebiet liefern oder als zusätzliche Ergänzung das Verständnis fördern soll. Dabei sollte sich der Exkurs (obwohl er ein in sich abgeschlossener Abschnitt ist) logisch in den Gesamtkontext der Arbeit einreihen und nicht als störendes Element wahrgenommen werden. Solltest du an einem bestimmten Punkt deiner schriftlichen Ausarbeitung nicht weiterkommen, kannst du mithilfe eines Exkurses festgefahrene Muster aufbrechen und eine mögliche Schreibblockade überwinden.

✎ Anleitung

Schreibe einen Exkurs zu einem Randthema innerhalb deiner Arbeit! Gibt es ein Unterthema, das deinen Betreuer oder deine Betreuerin besonders interessiert? Worin liegt der jeweilige Mehrwert?

★ Beispiele

Der zuvor beschriebene feuerungstechnische Wirkungsgrad unterscheidet sich stark vom Kesselwirkungsgrad. Zum besseren Verständnis folgt ein Exkurs in die Kraftwerkstechnik.

[hier Exkurs einfügen]

Der Kesselwirkungsgrad lässt sich damit …

In Kapitel 3 wählt Theodor Fontane unterschiedliche Motive zur näheren Beschreibung der Charaktere aus, die dem Realismus zugeordnet werden können. Um diese sprachliche Vorgehensweise richtig einschätzen zu können, folgt eine kurze Gegenüberstellung ausgewählter literarischer Epochen.

[hier Exkurs einfügen]

Anhand dieser Abhandlung wird deutlich, dass …

Liefere eine Definition!

⚙ Technik

Solltest du bei der Entwicklung deines Textes nicht weiterkommen, beim Einstieg in ein neues Thema festhängen oder nach einer geeigneten Überleitung suchen, kannst du auf Definitionen zurückgreifen. Eine Definition ist eine genaue Bestimmung eines Begriffs durch die Erklärung seines Inhalts. Mithilfe dieses Elements kannst du neu eingeführte Fachbegriffe erläutern und im Anschluss daran deine Argumentation nahtlos fortsetzen. Definitionen sind deswegen so hilfreich, weil sie ganz einfach eingesetzt werden können. Erstens sind sie sachlich und schnörkellos; zweitens musst du sie nicht aufwendig einführen oder nachfolgend interpretieren. Du fügst sie ein und schreibst weiter, als sei nichts geschehen.

✏ Anleitung

Recherchiere drei Definitionen zu Fachbegriffen aus deiner Studienarbeit und fasse diese in jeweils drei bis fünf Sätzen zusammen! An welchen Stellen deiner Arbeit kannst du mit Definitionen arbeiten? Welche Definitionen bringen dich inhaltlich weiter?

★ Beispiele

Die untersuchte Hochleistungskeramik weist im Durchschnitt eine Zugfestigkeit von 12,3 N/mm² auf. Dabei ist die Zugfestigkeit definiert als …

Im vorliegenden Fall wurden die Aussagen (s. §§ 158 ff. StGB) analysiert und neu bewertet. Eine Aussage ist die Wissensmitteilung einer vernommenen Person über …

Ausgehend von den zuvor beschriebenen Untersuchungen wurde eine invasive Behandlungsmethode ausgewählt. Invasiv bedeutet in diesem Fall …

Platziere einen Verweis!

✿ Technik

Verweise können in jeder Studienarbeit eingesetzt werden und funktionieren ähnlich wie Definitionen. Hierbei beziehst du dich jedoch nicht auf eine allgemeingültige Erklärung, sondern verweist auf eine explizite Quelle. Dies kann zum Beispiel ein werthaltiges Zitat aus einem Artikel, eine Passage aus einem Fachbuch oder eine Erkenntnis aus einer passenden Studie sein. Die Einsatzmöglichkeiten von Verweisen sind unbegrenzt – wichtig ist nur, dass der Verweis fachlich zu deinem Thema passt und zur inhaltlichen Weiterentwicklung deines Textes beiträgt. Das Hinzufügen eines Verweises nur um seiner selbst willen ist hingegen überflüssig und kann zudem negativ auffallen. Davon abgesehen sind Verweise eine geschickte Option, um deinen Schreibprozess in Gang zu bringen oder am Laufen zu halten.

✎ Anleitung

Formuliere einen Verweis innerhalb eines Themenbereichs deiner Arbeit! Welchen Zweck soll der Verweis erfüllen? Welchen Mehrwert bietet er? An welchen Stellen deiner Arbeit könntest du weitere Verweise einsetzen und auf welche Quellen könntest du dich beziehen?

★ Beispiele

Die berechneten Ergebnisse verdeutlichen, dass Parameter A den größten Einfluss auf die Personalkosten des Facility Managements hat. Zu diesem Schluss kommt auch Meier in ihrer Studie …

Zur Automatisierung der Probenahme wurde das Polymerverfahren nach Stoikov eingesetzt. Im Rahmen dieser Systematik …

Ein vergleichbares Narrativ verwendet Bertolt Brecht in seinem Theaterstück „Leben des Galilei". Hierbei wird …

Präsentiere ein Anwendungsbeispiel!

✿ Technik

Beispiele sind einfache und sachbezogene Zusatzelemente in wissenschaftlichen Arbeiten. Mithilfe eines Beispiels kannst du abstrakte Zusammenhänge verdeutlichen und einen Übergang von der Theorie zur Praxis schaffen. Dazu stellst du zunächst theoretische Grundlagen dar oder beschreibst einen allgemeinen Ansatz und zeigst im Anschluss, wie diese Kenntnisse genutzt werden können. Anwendungsbeispiele eignen sich hierfür besonders gut, weil du auf diese Weise zeigen kannst, dass du die zuvor beschriebenen Inhalte auch wirklich verstanden hast. Außerdem fällt die schriftliche Ausarbeitung eines Beispiels in der Regel leichter als die Erläuterung von wissenschaftlichen Theorien.

✎ Anleitung

Entwickle drei Anwendungsbeispiele zu theoretischen Abhandlungen, die du bereits in deiner Arbeit beschrieben hast! Welche Kapitel könntest du um ein Beispiel ergänzen? Welchen Zweck verfolgst du damit?

★ Beispiele

Die zuvor ermittelten Daten werden nun empirisch ausgewertet. Dazu wird unter anderem die Standardabweichung bestimmt. Mit ihr kann ermittelt werden, wie stark die Streuung der Werte in Bezug auf den Mittelwert ausfällt. Liegen beispielsweise drei Werte über ...

Hochleistungskonstruktionswerkstoffe, wie zum Beispiel Stahl, Aluminium oder Titan werden unter anderem im Mobilitätssektor eingesetzt. Hierzu zählen beispielsweise Automobilbauteile, Flugzeugantriebe und ...

Die Anwendung von § 273 Abs. 2 lässt sich an der Urteilsbegründung des Oberlandesgerichts vom 11.08.2015 beispielhaft erläutern. Darin heißt es ...

Ziehe eine Zwischenbilanz!

⚙ Technik

Falls du an einem längeren Kapitel oder Textabschnitt arbeitest, in dem ein komplexes Thema über mehrere Seiten behandelt wird, kannst du mit eingeschobenen Zusammenfassungen arbeiten. Diese Zwischenbilanzen helfen deinen Prüfern – und auch dir selbst. Denn so kannst du ganz einfach ein knappes Fazit erstellen, das die Informationsverarbeitung unterstützt. Es ist viel angenehmer, in sinnvollen Abständen an die wesentlichen Punkte erinnert zu werden, als ständig hin und her blättern zu müssen. Natürlich darfst du dieses Stilmittel nicht zu häufig einsetzen; doch in der richtigen Dosis stärkt es die Struktur deiner Arbeit und verbessert die Wirkung deiner Argumentation. Zudem hilft dir eine Zwischenbilanz dabei, deinen Schreibrhythmus beizubehalten, weil du nicht kreativ werden, sondern lediglich die bisherigen Inhalte zusammenfassen musst.

✏ Anleitung

Fasse ein thematisches Teilgebiet deiner Arbeit in wenigen Sätzen zusammen und ziehe so eine Zwischenbilanz! An welchen Stellen kannst du eine Zwischenbilanz sinnvoll einsetzen? Wann würde eine knappe Zusammenfassung den Lesefluss verbessern und zur Steigerung des Verständnisses beitragen? Wann ist eine Zusammenfassung nicht hilfreich?

★ Beispiele

Die Ergebnisse können folgendermaßen zusammengefasst werden: …

Daraus ergibt sich eine erste Zwischenbilanz: …

Mit anderen Worten: …

Diese Erkenntnisse lassen sich wie folgt zusammenfassen: …

Die Kernaussagen der zuvor erläuterten Studie lauten: …

Kapitel 8

Kapitelabschlüsse

⊿ Einleitung

Das Ende eines Kapitels ist beim Schreiben mindestens genauso anspruchsvoll wie dessen Beginn und verursacht regelmäßig große Probleme. Viele Verfasser wissenschaftlicher Texte finden nicht den richtigen Abschluss und grübeln stundenlang darüber nach, wie ein geeigneter Schlusspunkt aussehen könnte. Einige stiften mit ausladenden Umschreibungen Verwirrung; andere vernichten durch zu kurze und schlecht durchdachte Statements die mühsam erarbeiteten Erkenntnisse. Du stellst dir sicher auch diese Fragen: „Welche Inhalte sollte ich zum Schluss aufführen oder noch einmal wiederholen? Wie lang sollte ein Kapitelabschluss sein? Und wie kann ich meinen Text stilvoll ausklingen lassen?" Zum Glück gibt es auch hierfür eine Reihe standardisierter Elemente, die du für deine Studienarbeit nutzen kannst. Einige Schlussformeln tauchen immer wieder in verschiedenen Variationen in unterschiedlichen Texten auf − ohne dabei langweilig oder abgedroschen zu wirken. Aus diesem Grund solltest auch du auf diese bewährten Textbausteine zurückgreifen und damit Schreibblockaden auf den letzten Metern vermeiden.

♀ Tipps

Mithilfe der folgenden Variationen kannst du ein Kapitel schnell und abwechslungsreich ausklingen lassen:

- ✔ Schreibe eine Zusammenfassung!
- ✔ Schließe mit einer Übersichtsgrafik ab!
- ✔ Zeige eine Ergebnistabelle!
- ✔ Verweise auf weitere Informationen!
- ✔ Zeige ein abschließendes Beispiel!
- ✔ Führe einen Vergleich durch!
- ✔ Leite eine Schlussfolgerung ab!
- ✔ Liefere einen Ausblick!
- ✔ Erstelle eine Überleitung!
- ✔ Nutze einen harten Schnitt!

Schreibe eine Zusammenfassung!

✿ Technik

Die einfachste und zugleich praktischste Möglichkeit, um ein Kapitel zu beenden, ist das Schreiben einer Zusammenfassung. Dabei stellst du die wichtigsten Informationen und Erkenntnisse des aktuellen Kapitels verdichtet dar und bringst die einzelnen Inhalte in einen übergeordneten Zusammenhang. Diese Form des Kapitelabschlusses bietet zwei große Vorteile: Erstens hilfst du deinem Prüfer dabei, die zuvor entwickelten Inhalte besser aufzunehmen. Indem du sie abschließend zusammenfasst, sorgst du für Orientierung und erleichterst eine Beurteilung deiner Arbeit. Zweitens hilfst du dir selbst, weil deine Zusammenfassung eine Kontrollfunktion übernimmt. Du stellst auf diese Weise sicher, dass du alle relevanten Punkte erwähnt und diese gut verstanden hast (weil du sie mit wenigen Worten darstellen kannst).

Eine Zusammenfassung eignet sich allerdings nicht grundsätzlich für jeden Kapitelabschluss. Einleitende Kapitel oder Abschnitte mit sehr heterogenen Informationen, wie beispielsweise zum aktuellen Stand der Forschung, können nur mit hohem Aufwand und geringem Mehrwert zusammengefasst werden. Stimme dich diesbezüglich mit der Prüferin deiner Studienarbeit ab. Einige mögen Zusammenfassungen; andere stufen sie als unwissenschaftliche Redundanz ein.

✎ Anleitung

Sammle die Kerninhalte eines Kapitels deiner Studienarbeit und erstelle daraus eine abschließende Zusammenfassung! Hast du an alle wichtigen Punkte gedacht? Kannst du die wichtigsten Informationen knapp und klar wiedergeben?

★ Beispiele

Die zuvor vorgestellten Entwicklungen lassen sich folgendermaßen zusammenfassen: ...

Abschließend werden die ermittelten Ergebnisse in einer Zusammenfassung gegenübergestellt ...

Schließe mit einer Übersichtsgrafik ab!

✿ Technik

Das visuelle Pendant zur textlichen Zusammenfassung ist die abschließende Übersichtsgrafik. Mithilfe dieses Elements kannst du die Erkenntnisse eines Kapitels grafisch darstellen und somit verdeutlichen, in welchem Zusammenhang die Inhalte zueinander stehen. Insbesondere in natur- und ingenieurwissenschaftlichen Studienarbeiten bietet es sich an, komplexe Abläufe von Prozessen zusammenfassend zu präsentieren. Aber auch in sozial- und wirtschaftswissenschaftlichen sowie in linguistischen Arbeiten können – je nach Themenschwerpunkt – abschließende Übersichtsgrafiken eingesetzt werden.

Unabhängig von der Fachrichtung gilt: Wenn sich die Informationen aus dem vorliegenden Kapitel in einer verständlichen Abbildung zusammenfassen lassen, ist eine Übersichtsgrafik sinnvoll. Falls eine solche Darstellung jedoch nicht alle wesentlichen Inhalte aufnehmen kann oder die beschriebene Struktur nur teilweise korrekt wiedergibt, solltest du auf dieses Element verzichten. Unvollständige oder verwirrende Übersichtsgrafiken können die gesamte Qualität deines Kapitels abwerten.

✏ Anleitung

Fasse die wesentlichen Inhalte eines Kapitels in einer Übersichtsgrafik zusammen! Wie kannst du die wichtigsten Informationen und Erkenntnisse visuell darstellen? In welchem Zusammenhang stehen diese Inhalte? Kannst du ein Diagramm einsetzen? Eignen sich die Inhalte des vorliegenden Kapitels für eine abschließende Übersichtsgrafik?

★ Beispiele

Abbildung 22 zeigt den zuvor beschriebenen Prozess in einer Übersichtsgrafik. Dabei sind die einzelnen Schritte ...

In dem nachfolgenden Diagramm werden die Ergebnisse der Kapitalwertberechnung zusammenfassend dargestellt ...

Die bereits erläuterten Beziehungen zwischen den vier Hauptprotagonisten können der folgenden Abbildung entnommen werden.

Zeige eine Ergebnistabelle!

✪ Technik

Sollten in einem Kapitel deiner Studienarbeit eher Zahlen, Daten und Fakten im Mittelpunkt stehen, kannst du eine Ergebnistabelle als Schlusselement wählen. In dieser Tabelle stellst du – nachdem du zuvor auf die Hintergründe oder Rechenwege zu den einzelnen Daten eingegangen bist – die gesammelten Ergebnisse dar und erläuterst diese kurz. Je nach Thema und Relevanz kann es ausreichend sein, nur bestimmte Ergebnisse im Text zu erwähnen und die Tabelle ansonsten für sich sprechen zu lassen. Insbesondere wenn du im Laufe des Kapitels Formeln hergeleitet, Kennzahlen berechnet oder andere komplexe Fakten erörtert hast, kann eine abschließende Ergebnistabelle für Übersichtlichkeit und Klarheit sorgen.

Dabei solltest du sicherstellen, dass die Informationen in der Tabelle zusammenpassen und in einer logischen Abfolge stehen. Dieses Schlusselement dient nicht als Sammelbecken willkürlicher Inhalte, sondern als Orientierungshilfe für deine Prüfer. Die zentrale Frage, die du dir in Bezug auf eine abschließende Tabelle stellen solltest, lautet demnach: „Liefert die Tabelle einen geordneten Überblick zu meinem Kapitel?"

✎ Anleitung

Erstelle eine Ergebnistabelle zu einem Kapitel deiner Studienarbeit und stelle die wichtigsten Ergebnisse tabellarisch dar! Welche Informationen musst du berücksichtigen? Passen die Daten zusammen? In welcher Struktur bzw. Abfolge stehen sie? Sorgt deine Ergebnistabelle für Klarheit und Übersichtlichkeit?

★ Beispiele

Die wichtigsten Ergebnisse der Versuchsauswertung sind abschließend in Tabelle 37 dargestellt.

Tabelle 4 zeigt einen abschließenden Überblick über die wichtigsten Entwicklungen der Krebsforschung innerhalb der letzten 25 Jahre.

Verweise auf weitere Informationen!

✿ Technik

In jedem Kapitel deiner Studienarbeit gibt es eine Stelle, an der ein Schlussstrich gezogen werden muss. Denn erstens stehen dir nicht unendlich viele Seiten zur Verfügung und zweitens kannst du nicht jede Thematik bis ins kleinste Detail beschreiben. Ein spezifischer Verweis auf weiterführende Informationen kann dieses Problem für dich lösen und gleichzeitig einen eleganten Kapitelabschluss bilden. Dazu lieferst du zunächst eine grundlegende Beschreibung deines Themas und erläuterst dann die inhaltlichen Schwerpunkte, die für den weiteren Verlauf deiner Studienarbeit von Bedeutung sind.

Auf eine ausführliche Beschreibung unwesentlicher Details oder Zusatzinformationen, die nur teilweise relevant für deine Argumentation sind, verzichtest du jedoch besser. Stattdessen verweist du auf Quellen, die sich mit den jeweiligen Inhalten auseinandersetzen. Damit zeigst du einerseits, dass du sinnvolle Prioritäten setzen kannst und du beweist andererseits, dass du dich so gut mit dem Thema auskennst, dass du inhaltliche Querverweise einbringen kannst.

✎ Anleitung

Identifiziere drei Stellen in deiner Studienarbeit, an denen du auf weiterführende Informationen verweisen kannst! Liefern die genannten Quellen einen echten Mehrwert? Sind die Quellen zuverlässig? Welche Detailbeschreibung kannst du auf diese Weise abkürzen?

★ Beispiele

Zusätzliche Hintergrundinformationen bzgl. der Marktkapitalisierung können dem Geschäftsbericht der DAX AG entnommen werden.

Weiterführende Informationen zu dieser Thematik sind in der Veröffentlichung von Eswein et al. und in dem Lehrbuch von Klapner zu finden.

Weitere Informationen zu den untersuchten Datensätzen und den verwendeten Bewertungsmethoden sind dem Handbuch des Software-Entwicklers zu entnehmen.

Zeige ein abschließendes Beispiel!

✿ Technik

Beispiele können nicht nur für mehr Praxisbezug und Realitätsnähe in überwiegend theoretischen Arbeiten sorgen – abschließende Beispiele eignen sich zudem hervorragend dazu, um ein Kapitel elegant zu beenden. Insbesondere in Abschnitten, in denen du Grundlagenwissen erklärst oder formale Zusammenhänge erörterst, können Beispiele für mehr Klarheit sorgen. Zudem kannst du mit solch einem Element verdeutlichen, dass du die beschriebenen Zusammenhänge verstanden hast und darüber hinaus sogar in der Lage bist, eine Transferleistung (in Form eines Beispiels) zu liefern.

Außerdem sind Beispiele selbsterklärend. Sie können für sich stehen und benötigen keine weiteren Erklärungen im Nachgang. Nachdem du zuvor im Text die nötige Fachkenntnis bewiesen hast, zeigst du im Anschluss in einem abschließenden Beispiel, wie sich dieses Wissen auf den Punkt bringen und praktisch anwenden lässt. Danach ist keine weitere Erläuterung mehr nötig. Alle Fragen sind beantwortet, es gibt keine offenen Punkte und du kannst mit einem neuen Kapitel beginnen.

✎ Anleitung

Kreiere ein abschließendes Beispiel und lass ein Kapitel aus deiner Studienarbeit damit enden! Welche Abschnitte eignen sich prinzipiell dafür? Gibt es bekannte Beispiele zu dem Thema, an die du anknüpfen kannst? Ist dein eigenes Beispiel klar verständlich? Bietet es einen Mehrwert?

★ Beispiele

Dieser Zusammenhang wird abschließend mit einem Anwendungsbeispiel verdeutlicht.

Diese Form der experimentellen Auswertung hat sich in der wissenschaftlichen Praxis durchgesetzt. Als Beispiele dafür sind die Untersuchungen von Melinkov et al. und Huber zu nennen.

Mithilfe der hergeleiteten Formel kann nun der angepasste Zinssatz berechnet werden. Dies soll im Folgenden an einem abschließenden Beispiel veranschaulicht werden.

Führe einen Vergleich durch!

✿ Technik

Vergleiche funktionieren am Ende eines Kapitels ähnlich gut wie Beispiele. Mithilfe von Vergleichen kannst du verschiedene Theorien, Modelle oder Erkenntnisse gegenüberstellen und abschließend bewerten. Dazu benennst du zunächst jede zu vergleichende Position einzeln, zeigst dann beispielsweise Vor- und Nachteile auf und leitest zum Schluss ein kontextbezogenes Resultat her. Sobald du die verschiedenen Positionen verglichen hast und zu einem fundierten Urteil gekommen bist, kannst du zu einem neuen Abschnitt übergehen.

Für einen abschließenden Vergleich kannst du entweder theoretische Standpunkte oder eigene Ergebnisse aus dem jeweiligen Kapitel verwenden. Je nach Aufbau deiner Arbeit kannst du auch Erkenntnisse des aktuellen Kapitels mit denen eines vorherigen Kapitels vergleichen. Häufig werden zudem Vergleiche herangezogen, die eigene Erkenntnisse mit dem aktuellen Stand der Forschung oder mit Angaben aus einer Literaturquelle in Bezug setzen.

✎ Anleitung

Führe einen abschließenden Vergleich durch und erläutere die Erkenntnisse deines aktuellen Kapitels, während du sie in einen größeren Zusammenhang einordnest! Auf welcher Ebene wäre ein Vergleich sinnvoll? Welcher inhaltliche Mehrwert wird durch den Vergleich erzielt? Wie lautet die Kernaussage deines Vergleichs?

★ Beispiele

Abschließend sollen die Modelle von Melliot und Legat gegenübergestellt und verglichen werden. Der Vergleich zeigt, dass …

Um die Qualität der berechneten Ergebnisse einordnen zu können, werden diese im Folgenden mit den aktuellen Daten der deutschen Emissionshandelsstelle verglichen.

Bezugnehmend auf die Ergebnisse aus Kapitel 4 dieser Arbeit lässt sich eine Aussage zur Ungenauigkeit des Auswertungsverfahrens treffen.

Leite eine Schlussfolgerung ab!

✿ Technik

Ein stimmiger Kapitelabschluss gelingt häufig deswegen nicht, weil die entwickelten Erkenntnisse nicht in den Kontext der Arbeit eingeordnet und entsprechend bewertet werden. Deine Beschreibungen, Herleitungen und Argumentationen können noch so gut sein – interpretierst du sie am Ende nicht angemessen, leidet die Qualität deines gesamten Kapitels darunter. Außerdem hinterlässt du so den Eindruck, dass deine Arbeit nicht vollständig ist, was sich im schlimmsten Fall auf deine Prüferin oder deinen Prüfer überträgt. Aus diesen Gründen solltest du nach wichtigen Inhalten und umfangreichen Abschnitten mit Zwischenfazits arbeiten und Schlussfolgerungen ableiten.

Eine Schlussfolgerung solltest du in der Regel am Ende eines Kapitels oder eines Abschnitts platzieren. Mithilfe dieses Stilelements kannst du deine erarbeiteten Ergebnisse zunächst zusammenfassen und dann eindeutig interpretieren. Vergleiche lassen sich an dieser Stelle ebenfalls integrieren, sofern du dein Fazit über den vorliegenden Einzelfall hinaus auf einen übergeordneten Kontext ausweiten möchtest.

✎ Anleitung

Formuliere eine Schlussfolgerung zu einem Kapitel aus deiner Studienarbeit! Auf welche zuvor entwickelten Erkenntnisse kannst und musst du Bezug nehmen? Ist dein Fazit eindeutig und vollständig?

★ Beispiele

Die zuvor erläuterten Erkenntnisse zum aktuellen Stand der Forschung machen deutlich, dass …

Zwischen den theoretischen Erklärungsansätzen von Breszniow und Müller bestehen zum Teil große Unterschiede. Dies lässt den Schluss zu, dass …

Die Messergebnisse verdeutlichen den Zusammenhang zwischen Temperatur und Antriebsgeschwindigkeit. Daraus lässt sich die folgende Schlussfolgerung ableiten …

Liefere einen Ausblick!

✿ Technik

Falls du in deinem aktuellen Kapitel (noch) kein Fazit entwickeln **kannst** oder das Thema zu umfangreich für eine vollständige Schlussfolgerung ist, kannst du mit einem Ausblick abschließen. Mithilfe dieses Abschlusselements greifst du die zuvor beschriebenen Inhalte wieder auf und verweist dann entweder auf kommende Abschnitte deiner Studienarbeit oder auf externe Quellen. Letzteres können zum Beispiel aktuelle oder zukünftige Studien sein. Verweise auf Veröffentlichungen branchenspezifischer Institutionen oder Arbeiten anderer wissenschaftlicher Einrichtungen sind dafür ebenso geeignet.

Des Weiteren kannst du durch die Verwendung eines Ausblicks belegen, dass du dein Thema so gut verstanden hast, dass du dir eine mögliche Zukunftsprognose zutraust. Dieses Element solltest du jedoch sparsam einsetzen – sonst wirkst du unglaubwürdig und wenig seriös. Ein Ausblick sollte nur an ausgewählten Stellen zum Einsatz kommen und auf jeden Fall einen direkten Bezug zu deiner Arbeit haben.

✐ Anleitung

Gib einen Ausblick zu einem Thema aus deiner Studienarbeit, indem du auf eine mögliche zukünftige Entwicklung eingehst! Auf welche Quellen kannst du dich berufen? Gibt es weitere Entwicklungsmöglichkeiten?

★ Beispiele

Diese Ergebnisse werden in Kapitel 5 der vorliegenden Arbeit detailliert analysiert und in einen übergeordneten Zusammenhang gesetzt.

Diese Entwicklungen können in zukünftigen Studien näher untersucht werden, bei denen die Datenvalidierung …

Diese Thematik wird derzeit von der Weltgesundheitsorganisation (WHO) diskutiert. Eine abschließende Bewertung kann daher erst vorgenommen werden, sobald die Debatte beendet ist.

Erstelle eine Überleitung!

✿ Technik

Die Überleitung ist die Königsdisziplin der Kapitelabschlüsse. Warum? Weil geschickt platzierte Überleitungen deine Studienarbeit als Ganzes aufwerten. Überleitungen machen deine Arbeit „rund" und helfen deinem Prüfer bzw. deiner Prüferin dabei, im Lesefluss zu bleiben. Außerdem wirken sich Überleitungen positiv auf deinen Schreibprozess aus: Eine Überleitung am Kapitelende sorgt dafür, dass du im Folgekapitel nicht bei null anfangen musst. Du hast bereits einen Anknüpfungspunkt gesetzt und kannst direkt weiterschreiben, ohne lange über einen stilvollen Einleitungsabschnitt nachdenken zu müssen.

Nicht alle Kapitel eignen sich für eine abschließende Überleitung. So kannst du beispielsweise nur mit großem Aufwand von deinen Ausführungen über den aktuellen Stand der Forschung zu deinem darauffolgenden Grundlagenkapitel überleiten. Passende Verbindungen zwischen thematisch ähnlichen Unterkapiteln lassen sich hingegen viel schneller finden. Achte daher darauf, dass deine Überleitung auf inhaltlicher Ebene sinnvoll ist.

✎ Anleitung

Erstelle eine Überleitung und verbinde damit zwei Kapitel aus deiner Studienarbeit! Wie bauen die Kapitel aufeinander auf? Gibt es inhaltliche Gemeinsamkeiten? Kannst du bestimmte Inhalte vergleichen?

★ Beispiele

Diese Ergebnisse werden im nächsten Kapitel analysiert und im Kontext eines idealen Marktes interpretiert.

Zur Berechnung der Wirkungsgrade müssen die vollständigen Energie- und Massenbilanzen des Prozesses vorliegen. Genau dies ist das Thema des nächsten Kapitels.

Eine Adaption des zuvor diskutierten Gesetzesentwurfs ist ebenfalls auf Bundesebene denkbar. Welche Anpassungen dabei vorgenommen werden müssen und welche potenziellen Schwierigkeiten damit einhergehen könnten, wird im folgenden Abschnitt erläutert.

Nutze einen harten Schnitt!

⚙ Technik

Falls eine Überleitung zum Folgekapitel nicht möglich ist oder eine umständliche Beschreibung erfordert, kannst du eine gegensätzliche Strategie anwenden: den harten Schnitt. In deiner Studienarbeit müssen nicht alle Abschnitte sprachlich nahtlos miteinander verbunden sein. Dies ist erstens nicht erforderlich und zweitens häufig auch gar nicht möglich. Falls sich die inhaltlichen Schwerpunkte zweier aufeinanderfolgender Kapitel deutlich voneinander unterscheiden, solltest du dieser Tatsache gerecht werden und dein Kapitel entsprechend beenden. Dazu überprüfst du zunächst, ob du alle relevanten Informationen für diesen Abschnitt berücksichtigt hast und beendest dann den letzten Absatz des Kapitels in sachlichem und informativem Stil.

Viele Neulinge im Bereich des wissenschaftlichen Schreibens denken, ihre Texte müssten schön und sprachlich anspruchsvoll sein. Aus diesem Grund zögern sie davor, einen harten Schnitt am Kapitelende einzusetzen, weil ihr Text dann „abgehackt" wirken könnte. Löse dich von dieser Vorstellung. Deine Studienarbeit muss in erster Linie inhaltlich und wissenschaftlich korrekt sein. Erst danach kommt die Form. Und auch hier kann ein harter Schnitt ein belebendes Stilelement sein.

✎ Anleitung

Beende ein Kapitel, indem du einen harten Schnitt einsetzt! Wie kannst du deinen Abschnitt sachlich und informativ beenden? Welche Kapitel kommen dafür infrage? Gibt es eine bessere Abschlussalternative?

★ Beispiele

Einen weiteren Beleg für die Wichtigkeit der frühkindlichen Erziehung von Zwergpinguinen liefert die Untersuchung von Pekra et al.

Die Ergebnisse zeigen, dass die Höhe der Sozialausgaben in den nächsten Jahren zunehmen wird.

Der Vergleich der Wärmeleitfähigkeiten von Probe 1 und Probe 3 zeigt, dass es nur geringe Abweichungen bzgl. des jeweiligen Messverfahrens gibt.

Kapitel 9

Inspiration

◁ Einleitung

In manchen Phasen gerät dein innerer Schreibmotor ins Stocken, weil dir kreative Ideen für deinen Text fehlen. Im Prinzip weißt du, was du schreiben möchtest, doch du findest einfach keinen passenden Ansatz, um deine Gedanken zu strukturieren und in Form zu bringen. Dies kann entweder deine Gliederung, bestimmte Kapitel oder einzelne Sätze betreffen. Was bei dieser Art von Schreibblockaden hilft, ist eine Prise Inspiration. Warum nur eine Prise? Weil du dich nicht in einem kreativen Findungsprozess verlieren darfst. Es geht nicht darum, ziel- und zügellos nach bahnbrechenden Eingebungen zu suchen. Du brauchst eine zweckmäßige Strategie, die dir zuverlässig neue Impulse liefert und dir dabei hilft, schnell wieder ins Schreiben zu kommen. Aus diesem Grund funktionieren Allerweltstipps wie „Gedanken schweifen lassen" oder „einfach mal abschalten" an dieser Stelle nicht. Darum zeige ich dir in diesem Kapitel, welche Ansätze stattdessen mit großer Wahrscheinlichkeit zum Erfolg führen.

♀ Tipps

Damit es dir nie wieder an Inspiration für die Gestaltung deiner wissenschaftlichen Arbeit fehlt, kannst du auf die folgenden Ansätze zurückgreifen und dir dadurch einen kreativen Impuls holen:

- ✔ Lies Texte zu einem anderen Thema!
- ✔ Sieh dir Videos zu deinem Thema an!
- ✔ Überfliege ein Inhaltsverzeichnis!
- ✔ Klaue eine Gliederung!
- ✔ Klaue einen Anfang!
- ✔ Korrigiere nicht!
- ✔ Benutze Fachbegriffe!
- ✔ Bilde eine Assoziationskette!
- ✔ Führe ein Mindstorming durch!
- ✔ Kill your darlings!

Lies Texte zu einem anderen Thema!

✿ Technik

Viele Autorinnen und Autoren wissenschaftlicher Texte lesen unzählige Fachbücher, Zeitschriften und Konferenzbeiträge zu ihrem Thema. Das müssen sie auch, denn schließlich sollen sie ihre Ergebnisse und Erkenntnisse in den aktuellen Stand der Forschung einordnen. Diese Art der Literaturrecherche verschafft dir zwar einen sehr guten Überblick über das eigene Thema – es besteht allerdings die Gefahr, in eine sogenannte „Wissenschaftsblase" zu geraten. Das bedeutet: Wenn du dich ausschließlich mit einem einzigen Thema auseinandersetzt und dabei jedes Mal die gleichen Quellen liest, wirst du sehr einseitig beeinflusst.

Mit jedem weiteren Text, den du aus dieser „Science Bubble" konsumierst, wird sich deine Sicht- und Denkweise immer mehr an die der einschlägigen Autorinnen und Autoren anpassen. Für einige Bereiche des wissenschaftlichen Schreibens kann diese Entwicklung vorteilhaft sein – für deine Inspiration ist sie hingegen pures Gift. Um kreative Impulse zu erhalten, solltest du daher auf Texte zu einem anderen Thema zurückgreifen. Erweitere aus diesem Grund von Zeit zu Zeit deinen wissenschaftlichen Horizont und lies, was Publizierende anderer Fachbereiche schreiben.

✐ Anleitung

Lies einen Text zu einem anderen Thema und lass dich auf diese Weise inspirieren! Findest du Parallelen zum Thema deiner Arbeit? Worin bestehen die Unterschiede? Kannst du Teile der Struktur übernehmen oder einzelne Formulierungen auf deinen Schwerpunkt übertragen?

★ Beispiele

Lies ein wissenschaftliches Paper, das einen anderen Schwerpunkt als deine Arbeit hat.

Lies einen Zeitungsartikel, der sich mit einem Thema aus einer anderen Wissenschaftskategorie befasst.

Lies ein Kapitel aus einem Lehrbuch, das nicht direkt mit dem Thema deiner Studienarbeit zu tun hat.

Sieh dir Videos zu deinem Thema an!

✿ Technik

Neben wissenschaftlichen Texten können dich auch andere Medienformate beim Schreiben inspirieren. Insbesondere visuelle Inhalte wie Videos können deine Kreativität befeuern und für neue Impulse beim Schreiben sorgen. Dabei solltest du dich nicht zu weit vom thematischen Schwerpunkt deiner Arbeit entfernen, weil es sonst zu schwierig wird, die neuen Einflüsse in deine schriftliche Arbeit einfließen zu lassen. Sieh dir daher Videoclips oder längere Filmsequenzen zu deinem Thema an!

Versuche dabei, einen neuen Blickwinkel auf dein Thema einzunehmen und studiere insbesondere den Aufbau des Videos, die Wortwahl und die Anwendungsbeispiele. In Videos wird in der Regel auf eine umständliche, wissenschaftliche Sprache verzichtet. Komplexe Inhalte werden daher oft vereinfacht dargestellt und überdeutlich illustriert. Doch genau aus dieser Vereinfachung kannst du Inspiration ziehen und die Klarheit deiner Gedanken (und deiner Arbeit) verbessern.

✎ Anleitung

Sieh dir ein Video zum Thema deiner Studienarbeit an! Welche Aspekte aus dem Video kannst du in deiner Arbeit aufgreifen? Welche neuen Ideen kannst du aus dem Video ableiten? Gibt es Formulierungen, die du für deine schriftliche Ausarbeitung verwenden kannst?

★ Beispiele

Sieh dir auf YouTube ein Erklärvideo zu einem Unterthema deiner Arbeit an.

Sieh dir eine populärwissenschaftliche Dokumentation an, die zum Themenkomplex deiner Arbeit passt.

Sieh dir die Aufzeichnung einer Fachkonferenz an, auf der aktuelle Forschungsergebnisse zum Thema deiner Arbeit vorgestellt wurden.

Überfliege ein Inhaltsverzeichnis!

✿ Technik

Du musst kein ganzes Buch oder einen kompletten Artikel lesen, um neue Inspiration zu finden. Häufig reicht es schon aus, wenn du das Inhaltsverzeichnis oder die Gliederung eines anderen wissenschaftlichen Werkes überfliegst und dir auf diese Weise vor Augen führst, welche thematischen Schwerpunkte wichtig sind. Dabei kann es nicht nur inspirierend sein, zu sehen, welche Themen von anderen Autoren behandelt werden, sondern auch, in welcher Struktur und Abfolge diese Punkte dargestellt werden.

Mit dem Inhaltsverzeichnis einer thematisch ähnlichen Arbeit kannst du also zwei wichtige Fragen beantworten: „Welche wichtigen Themen kann ich in meiner Arbeit noch zusätzlich berücksichtigen?" Und: „Wie kann ich meine Arbeit aufbauen oder die aktuelle Gliederung verbessern?" Typischerweise kannst du auf der Website deiner Hochschulbibliothek einen Blick in bestimmte Bücher werfen und deren Inhaltsverzeichnisse durchsehen. Alternativ bieten große Online-Shops wie Thalia, Amazon oder Google Books diese Vorschaumöglichkeit auch an.

✎ Anleitung

Überfliege mindestens zehn Inhaltsverzeichnisse anderer wissenschaftlicher Arbeiten oder thematisch passender Lehrbücher! Welche Elemente der Gliederung sind ähnlich oder identisch? Welche Reihenfolge wurde gewählt und warum? Welche Themen könntest du für deine Arbeit übernehmen? Welche Punkte kannst du hingegen streichen?

★ Beispiele

Überfliege das Inhaltsverzeichnis eines Fachbuchs zu deinem Thema und analysiere den generellen Aufbau und die Gewichtung der Themen.

Lies das Inhaltsverzeichnis des Lehrbuchs deines Prüfers und sieh dir an, welche thematischen Schwerpunkte im Vordergrund stehen.

Studiere die Inhaltsverzeichnisse anderer Studienarbeiten, die als sehr gut bewertet wurden, und finde Parallelen zu deiner eigenen Arbeit.

Klaue eine Gliederung!

✿ Technik

Solltest du dich noch am Anfang deiner Arbeit befinden und keinen blassen Schimmer haben, wie du deinen Text strukturieren kannst, dann wende den ältesten Trick der Welt an – und klaue eine Gliederung! Ich weiß: Das ist eigentlich nicht dein Anspruch. Aber erstens unterscheiden sich die Gliederungen wissenschaftlicher Texte ohnehin kaum voneinander und zweitens ist die kopierte Struktur nur der Startpunkt eines Entwicklungsprozesses. Du „stiehlst" die Gliederung somit nicht, um sie exakt so zu verwenden – du veränderst sie und passt sie den Eigenheiten und Erfordernissen deines eigenen Werkes an.

Der berühmte Künstler Pablo Picasso soll einmal gesagt haben: „Gute Künstler kopieren, großartige Künstler stehlen." Damit meinte die Malerlegende nicht, dass du blind abschreiben solltest. Gemeint ist stattdessen: Lass dich von der Leistung anderer Menschen inspirieren. Verinnerliche ihre Grundidee, erkenne die Systematik dahinter und lass daraus etwas völlig Neues entstehen. Großartige Künstler (und dazu zählen Wissenschaftler auch) stehlen also lediglich den Geist eines Kunstwerks, um ihn weiterzuentwickeln und ihm neues Leben einzuhauchen.

✎ Anleitung

Klaue eine Gliederung aus einem geeigneten wissenschaftlichen Werk und passe die Struktur an deine eigene Arbeit an! Welche Idee steckt hinter der fremden Gliederung? Welche Themen musst du hinzufügen? Welche Kapitel fallen weg? Wie musst du die Reihenfolge anpassen?

★ Beispiele

Klaue die Gliederung eines oft zitierten wissenschaftlichen Aufsatzes, der zu deinem Thema passt.

Klaue die Gliederung einer Studienarbeit zu deinem Fachgebiet, die an deiner Hochschule als sehr gut bewertet wurde.

Klaue die Gliederung eines Fachbuchs (oder einen Teil davon), in dem das Thema deiner Arbeit behandelt wird.

Klaue einen Anfang!

✿ Technik

Was für die Gliederung deiner Arbeit gilt, lässt sich auch auf den eigentlichen Text übertragen: Es spricht nichts dagegen, Formulierungen, Satzbausteine oder ganze Passagen zu klauen, um diese im Anschluss an dein Thema anzupassen und in geeigneter Weise abzuwandeln. Insbesondere am Anfang eines Kapitels oder eines Satzes kannst du von dieser Technik Gebrauch machen. So findest du einen schnellen Zugang zum Text und kannst Schreibblockaden im Keim ersticken. Wie du ein Kapitel oder einen Satz eigenständig beginnen kannst, hast du bereits in den beiden vorherigen Kapiteln *Kapitelanfänge* und *Satzanfänge* gelernt.

Der Anfang eines neuen Textes stellt eine besonders große Hürde dar, weil dir nur wenige oder gar keine Anknüpfungspunkte zur Verfügung stehen. Damit du nicht bei null anfangen musst, wirst du vorübergehend zum Dieb und „leihst" dir einen geeigneten Anfang von anderen Autoren aus. Denk dabei wieder an Picasso: Nicht 1 zu 1 kopieren, sondern stehlen, verstehen und weiterentwickeln. Klaue also einen Anfang; belass ihn dann aber nicht in diesem Zustand, sondern wandle den Text ab und erschaffe dadurch etwas Neues.

✎ Anleitung

Klaue den Anfang zu einem Kapitel deiner Arbeit! Kopiere dazu die ersten drei bis fünf Sätze von einer geeigneten Quelle. Formuliere den Einstieg danach um und passe jeden Satz so an, dass er zu deinem Thema und zu deinem Schreibstil passt. Wie kannst du sicherstellen, dass du niemals 1 zu 1 kopierst?

★ Beispiele

Klaue den Anfang eines Kapitels von einem Lehrbuch zu einem anderen Thema und formuliere jeden einzelnen Satz ein wenig um.

Klaue den Anfang eines wissenschaftlichen Fachartikels und passe die Formulierungen an die Schwerpunkte deiner Arbeit an.

Klaue den Anfang eines Absatzes einer anderen Studienarbeit und schreibe die Einleitung in deinem eigenen Stil um.

Korrigiere nicht!

⚙ Technik

Kreative Impulse kommen häufig deswegen nicht zustande, weil du zu perfektionistisch arbeitest. Anstatt deinen Gedanken zunächst freien Lauf zu lassen und mögliche Verbesserungen zu einem späteren Zeitpunkt vorzunehmen, korrigierst du schon, bevor du den eigentlichen Satz fertig geschrieben hast. Ein produktiver Schreibfluss ist so kaum möglich, weil du dich ständig selbst unterbrichst. Diese Arbeitsweise ist jedoch nicht nur ineffizient, sondern führt auch dazu, dass du eine mentale Fehlervermeidungshaltung einnimmst. Solch eine Einstellung blockiert das freie Denken und führt dazu, dass inspirierende Gedanken unterdrückt werden.

Aus diesem Grund solltest du deinen Schreibprozess aufteilen – und zwar in einen kreativen ersten Teil und einen ordnenden zweiten Teil. Nachdem du im ersten Schritt einfach drauflosschreibst und nichts korrigierst, strukturierst du schließlich im zweiten Schritt deinen Text, nimmst Korrekturen vor und führst eine stilistische Feinjustierung durch. Der erste „freie" Teil ist dabei erheblich bedeutungsvoller als Teil 2. Die besten Beschreibungen, Argumentationsketten und Vergleiche wirst du zu Papier bringen, wenn du ungehindert schreiben kannst. Korrigiere deine Kreativität daher nicht zu Tode!

✎ Anleitung

Teile deinen Schreibprozess in zwei Teile auf: einen kreativen Teil (ohne zu korrigieren) und einen ordnenden Teil (mit Korrekturen)! Schreibe jetzt (mind. 10 Minuten lang) einen neuen Absatz, ohne dabei Korrekturen vorzunehmen! Wie fühlt es sich an, ohne den ständigen Korrekturzwang zu schreiben? Hat dich der veränderte Prozess auf neue Ideen gebracht?

★ Beispiele

Schreibe eine Kapiteleinleitung – und korrigiere sie erst am Schluss.

Beschreibe ein Experiment – und korrigiere es erst am Schluss.

Erstelle eine Zusammenfassung – und korrigiere sie erst am Schluss.

Benutze Fachbegriffe!

✿ Technik

Eine hocheffiziente und einfache Möglichkeit, um neue Inspiration für deinen wissenschaftlichen Text zu finden, ist der Einsatz von Fachbegriffen. Zu jedem Thema gibt es bestimmte Bezeichnungen oder Spezialbegriffe, die typisch für das jeweilige Fachgebiet sind. Dabei verwenden Juristen andere Formulierungen als Ingenieurinnen oder Naturwissenschaftler; Soziologinnen schreiben anders als Architekten und das Vokabular von Medizinern weicht erheblich von den Fachtermini einer Wirtschaftswissenschaftlerin ab.

Trotz der Unterschiede im Detail kannst du von der kreativen Kraft der Fachbegriffe Gebrauch machen. Sammle dazu zunächst verschiedene Fachausdrücke, die innerhalb deines Themenspektrums Anwendung finden können. Anschließend nimmst du dir einen isolierten Fachbegriff vor und baust um dieses Wort herum einen passenden Satz auf. Nun hast du einen Anfangspunkt und kannst von dort aus eine neue Textpassage entwickeln. So kannst du dich von Fachbegriff zu Fachbegriff hangeln.

✒ Anleitung

Stelle eine Liste mit mindestens zehn Fachbegriffen zu deinem Thema zusammen und entwickle daraus jeweils einen eigenen Satz! Wie kannst du diesen neuen Satz einleiten? Wie kannst du ihn fortführen?

★ Beispiele

Strömungsgeschwindigkeit: Die vorliegende Strömungsgeschwindigkeit wurde mithilfe der Navier-Stokes-Gleichungen berechnet. Sie wird in der folgenden Formel zum Ausdruck gebracht …

Kardiomyopathie: Die beschriebene Strukturveränderung des Herzmuskels kann auf eine Kardiomyopathie zurückgeführt werden. Diese Erkrankung führt dazu …

Transmissionsmechanismen: Die Zusammenhänge der nationalen und globalen Geldpolitik können anhand der Transmissionsmechanismen erklärt werden. Derartige geldpolitische Entscheidungen …

Bilde eine Assoziationskette!

✿ Technik

Assoziationsketten sind eine der beliebtesten und bekanntesten Kreativitätstechniken, da sie in kurzer Zeit eine Fülle an neuen Ideen liefern können. Das Vorgehen ist einfach: Du bestimmst ein einzelnes Wort oder einen ganzen Satz als Anfangspunkt und assoziierst dazu einen neuen Begriff, der dir gerade in den Sinn kommt. Danach bildest du eine neue Assoziation zu dem frisch hinzugekommenen Element usw. Du bildest sozusagen eine Kette, bei der bestimmte Wörter oder Sätze aneinandergereiht werden. Dabei musst du dich nicht auf Spezialbegriffe oder übliche Formulierungen aus deinem Fachbereich beschränken – alle Arten von Verbindungen sind erlaubt.

Kategorien wie „richtig" oder „falsch" gibt es bei Assoziationsketten nicht, denn die Verknüpfungen, die ein Mensch in seinem Gehirn herstellt, entstehen oft unbewusst oder durch Erlebnisse aus der Vergangenheit. Daher lassen sich die Verbindungen meist nicht rational erklären. Das muss aber auch gar nicht sein, denn bei dieser Technik geht es nur darum, neue Impulse und bisher verborgene Verbindungen zu deinem Thema aufzudecken.

✎ Anleitung

Bilde eine Assoziationskette zu einem Element oder zu einem bestimmten Wort aus deiner Arbeit! Höre nicht auf, bis deine Kette mindestens zehn Glieder hat und bewerte anschließend deine neuen Ideen. Welche der neuen Assoziationen kannst du in deiner Arbeit berücksichtigen?

★ Beispiele

Bilde eine Assoziationskette zu einem Fachbegriff, der zu dem Thema deiner Arbeit passt.

Bilde eine Assoziationskette zu einer Eigenschaft, mit der du deine Ergebnisse beschreiben würdest.

Bilde eine Assoziationskette zu einer Grafik, die du im Rahmen deiner Arbeit vorgestellt hast.

Führe ein Mindstorming durch!

„Brainstorming" wird dir mit Sicherheit ein Begriff sein. Aber wie sieht es mit „Mindstorming" aus? Beim Mindstorming entfesselst du deine geistige Kreativität und entwickelst in kürzester Zeit eine Fülle von Ideen. Im ersten Schritt bestimmst du ein Ziel und formulierst es als Frage. Als Nächstes suchst du zwanzig verschiedene Antworten auf diese Zielfrage und hörst nicht eher auf, bis du diese Anzahl erreicht hast. Die Ideen sollten möglichst konkret sein und schriftlich formuliert werden.

Die ersten fünf Antworten werden dir leichtfallen. Danach nimmt die Schwierigkeit erfahrungsgemäß zu und bei den letzten zehn Ideen wirst du regelrecht kämpfen müssen. Doch du musst durchhalten und darfst die Methode nicht eher beenden, bis du zwanzig Antworten gefunden hast. Nun ist deine Kreativität gefragt: Du brauchst Ideen, die nicht deinen üblichen Denkmustern entsprechen. Das zwingt dich dazu, mit alten Konventionen zu brechen und mental neue Wege zu beschreiten. Dazu kannst du zum Beispiel einige Antworten ins Gegenteil verkehren oder Querverbindungen zu anderen Fachbereichen und Quellen herstellen. Lass deine Gedanken ruhig etwas schweifen und schließe keine Ideen aus – egal, wie absurd dir diese im ersten Moment erscheinen mögen. Es geht nur darum, möglichst viele Lösungsansätze zu generieren.

✐ Anleitung

Führe ein Mindstorming durch und beantworte eine Zielfrage zu einem Kapitel deiner Studienarbeit! Wie kannst du insgesamt zwanzig Lösungsansätze finden? Welche Idee kannst du sofort umsetzen?

★ Beispiele

Zielfrage: Wie kann ich meine Ergebnisse aus Kapitel 4 darstellen?

Mindstorming: So wie in Kapitel 3, anders als in Kapitel 3, als Grafik, in einem Balkendiagramm, in einem Kreisdiagramm, nicht als Grafik, in Form einer Tabelle, in Textform, in einer Gegenüberstellung, mithilfe eines Zeitstrahls, so wie in der Veröffentlichung von Müller et al., als Kombination aus …

Kill your darlings!

⚙ Technik

Eine bekannte Schriftstellerregel lautet: „Kill your darlings!" Hinter dieser martialischen Forderung verbirgt sich das kluge Konzept, dass Autorinnen und Autoren liebgewonnene Sätze oder ganze Passagen erbarmungslos kürzen oder gar streichen sollen, wenn diese den Text als Ganzes nicht weiterbringen. In wissenschaftlichen Werken kann diese Regel ebenfalls zur Anwendung kommen, denn Menschen neigen im Allgemeinen dazu, an ihrem ersten Entwurf festzuhalten. Doch durch genau dieses Beharren auf der ersten Idee können hartnäckige Schreibblockaden entstehen.

Wirf daher in regelmäßigen Abständen einen kritischen Blick auf die Teile deiner Arbeit, die dir persönlich gut gefallen. An diesen Stellen befindet sich häufig ein großes Streichpotenzial. Das Löschen von Textbausteinen bis hin zu ganzen Absätzen kann kurioserweise sogar inspirierend wirken, weil du neue Verbindungs- und Formulierungsmöglichkeiten innerhalb deiner Arbeit freilegst. Das bedeutet jedoch nicht, dass du alle Sätze streichen solltest, die dir gut gefallen. Es geht vielmehr darum, dass du bereits fertiggestellte Textpassagen kritisch analysierst und diese infrage stellst, falls sie dich blockieren. Manchmal können auch einzelne Formulierungen dazu führen, dass du nicht weiterkommst und dass du keine neue Inspiration findest.

✏ Anleitung

Durchsuche deinen Text nach liebgewonnenen Sätzen oder Passagen und prüfe diese Stellen kritisch! Bringen diese Formulierungen deinen Text weiter? Blockieren sie dich vielleicht? Falls ja: Kill your darlings!

★ Beispiele

Suche nach Formulierungen, die du selbst als „gelungen" oder „originell" bezeichnen würdest. Bitte eine Freundin oder einen Kommilitonen um Rat: Ist deine Einschätzung eher objektiv oder subjektiv geprägt?

Identifiziere Sätze und Textbausteine innerhalb deiner Arbeit, die eine Anknüpfung an vorherige oder nachfolgende Passagen erschweren. Warum hältst du an diesen Formulierungen fest?

Kapitel 10

Werkzeuge

◁ Einleitung

Schreiben ist ein Handwerk. Und wie bei jedem Handwerk ist es zulässig – und manchmal sogar zwingend erforderlich –, dass du Werkzeuge benutzt. Damit sind weder Hammer noch Schraubenzieher gemeint, sondern vielmehr technische Hilfestellungen, die deinen Schreibprozess unterstützen. Viele Studentinnen und Studenten beschränken sich beim Verfassen ihrer Studienarbeit jedoch einzig und allein auf ihr bevorzugtes Textverarbeitungsprogramm. Doch damit machen sie sich selbst das Leben schwer. Weil sie auf nützliche Hilfsmittel verzichten (oder diese nicht kennen), gerät ihr Schreibmotor ins Stocken. Stell dir vor, eine Mechanikerin würde in ihrer Werkstatt mit nur einem einzigen Werkzeug hantieren. Wäre sie erfolgreich? Nicht besonders. Genauso verhält es sich beim Schreiben. Du benötigst ein Arsenal an Schreibwerkzeugen. Alle erfolgreichen Schriftstellerinnen und Schriftsteller greifen auf eine virtuelle Werkbank zurück und bringen so ihre Texte durch den TÜV. Was sich unbedingt in deinem persönlichen Werkzeugkoffer befinden sollte und wie du diese Instrumente geschickt einsetzt, lernst du in diesem Kapitel.

♀ Tipps

Die folgenden Werkzeuge helfen dir dabei, schneller und besser zu schreiben, sodass deine Studienarbeit im Handumdrehen fertig wird:

- ✔ Arbeite mit einer Side-List!
- ✔ Miss deine Zeit!
- ✔ Benutze ein Diktiergerät!
- ✔ Schalte die Atuokrorektur ein!
- ✔ Verwalte deine Literaturquellen!
- ✔ Verwende ein Synonym-Wörterbuch!
- ✔ Setze Projektmanagement-Software ein!
- ✔ Lege dir ein Fidget Tool zu!
- ✔ Schalte Ablenkungen aus!
- ✔ Schreibe wie ein Höhlenmensch!

Arbeite mit einer Side-List!

✿ Technik

Für einen effizienten Schreibprozess ist es wichtig, dass du fokussiert arbeitest. Wenn du hingegen ständig deine Konzentration verlierst und abgelenkt wirst, schleichen sich unproduktive Gewohnheiten ein, die sich langfristig in hartnäckigen Schreibblockaden manifestieren. Beim wissenschaftlichen Schreiben bleibt es nicht aus, dass dir spontan neue Ansätze in den Sinn kommen. Doch leider blockieren diese spontanen Einfälle oft die Schreibarbeit: Eine bessere Überschrift für Kapitel 2.3, ein treffenderes Adjektiv für den letzten Absatz oder eine originelle Idee für den Schluss. Hinzu kommen abschweifende oder störende Gedanken zu ganz anderen Themen, die nichts mit deiner aktuellen Aufgabe zu tun haben.

In all diesen Situationen hilft dir eine sogenannte Side-List. Dazu notierst du abschweifende Gedanken oder Ideen auf einer separaten Liste, setzt deine Arbeit fokussiert fort und kümmerst dich erst im Anschluss daran um diese Impulse. Durch das Aufschreiben beruhigst du deinen Geist und verhinderst, dass er den neuen Reizen sofort nachgeht. Der Trick dabei ist, dass die unerledigten Dinge damit für das Gehirn vorübergehend abgeschlossen sind. Die Einfälle liegen auf Wiedervorlage und du kannst zu deiner aktuellen Aufgabe zurückkehren.

✎ Anleitung

Lege dir einen Stift und ein Blatt Papier bereit, auf dem du alle Gedanken, To-dos, Ideen etc. notierst, die dir beim Schreiben durch den Kopf gehen. Welche wiederkehrenden Gedanken fallen dir spontan ein? In welchen Situationen kannst du eine Side-List sonst noch einsetzen? Zu welchen Zeiten könntest du die Liste durchsehen und bearbeiten?

★ Beispiele

In der Grafik auf Seite 67 muss die Legende angepasst werden.

Überleitung zu Kapitel 5.1: Statistik aus Paper von Gera et al. zitieren.

Geburtstagsgeschenk für Oma kaufen.

Miss deine Zeit!

✿ Technik

Warum Deadlines deine Produktivität beim Schreiben verbessern und ein vielversprechendes Mittel gegen Schreibblockaden sind, hast du bereits im Kapitel *Organisation* kennengelernt. Kurze Erinnerung: Deadlines zwingen dich dazu, deinen Fokus auf die wichtigen Dinge zu legen, weil keine Zeit für Nebensächlichkeiten bleibt. Schreibblockaden haben dann deutlich seltener eine Chance, sich zwischen deine Termine zu mogeln. Diesen Effekt kannst du noch verstärken und damit deine Schreibeinheiten deutlich motivierter angehen. Alles was du dafür tun musst, ist deine Zeit zu messen.

Arbeite zukünftig mit einer (digitalen) Stoppuhr und miss die Zeit, die du für das Verfassen deiner Studienarbeit aufwendest. Starte jedes Mal einen Timer, wenn du einen neuen Absatz oder ein neues Unterkapitel beginnst. Die ablaufende Zeit wird dich motivieren und dafür sorgen, dass du ohne langes Zögern mit der Arbeit beginnst. Die Uhr tickt – du musst anfangen. Es bleibt kein Raum für Prokrastination oder Zerstreuung. Außerdem wirst du bei jedem neuen Textfragment automatisch versuchen, deinen persönlichen Rekord einzustellen. Du bist sozusagen im Wettbewerb mit dir selbst – und das wird deine Effizienz deutlich steigern. Besonders wirksam werden diese beiden Effekte, wenn du die Stoppuhr rückwärtslaufen lässt. Stell dazu auf deinem Smartphone einfach eine fixe Bearbeitungsdauer ein und starte dann den Timer.

✎ Anleitung

Lege ein schriftliches Ziel fest, stelle einen Timer auf 30 Minuten und beginne dann zu schreiben! Welche Aufgaben eignen sich für diese Technik? Wie lange sollte die Bearbeitungsdauer sein? Wie kannst du diese Technik variieren und an deine Bedürfnisse anpassen?

★ Beispiele

Miss deine Zeit beim Verfassen eines neuen Absatzes.

Miss deine Zeit beim Erstellen einer Grafik.

Miss deine Zeit beim Lesen einer Primärquelle.

Benutze ein Diktiergerät!

✿ Technik

Schreiben ist ein physischer Prozess: Dein Gehirn formt einen Gedanken und übermittelt ihn an deine Finger. Diese gleiten dann über die Tastatur und übertragen die erdachten Wörter in dein Textdokument. Schreibblockaden stören diese schriftliche Ausarbeitung. Ein probates Gegenmittel ist der Wechsel deines Arbeitsmediums, insbesondere, wenn du dabei andere oder zusätzliche Sinnesorgane einsetzt. Viele Autorinnen und Autoren schwören daher auf den Einsatz von Sprachmemos. Bei diesem Ansatz sprichst du Gedanken, Satzfragmente oder ganze Absätze deiner Studienarbeit auf Band und verarbeitest diese gespeicherten Informationen zu einem späteren Zeitpunkt.

Deine Audionotizen sind in der Regel etwas natürlicher und ungezwungener als schriftliche Entwürfe. Dadurch kommt es seltener zu Blockaden. Außerdem kannst du beim Sprechen schneller deine Ideen formulieren und wirst nicht durch komplizierte Satzkonstruktionen oder ungeübte Tipptechnik gebremst. Außerdem vermeidest du so eine zu perfektionistische Arbeitsweise, weil dir von vornherein klar ist, dass du deinen Entwurf noch einmal überarbeiten wirst. Grundsätzlich kannst du dazu die Memo-Funktion deines Smartphones nutzen oder eine kostenlose Aufnahme-Software für deinen Computer herunterladen. Günstige Diktier- und Aufnahmegeräte gibt es allerdings auch schon ab ein paar Euro zu kaufen.

✐ Anleitung

Nimm ein Sprachmemo auf und bereite so die schriftliche Ausarbeitung deiner Studienarbeit vor! Welches Aufnahmegerät kannst du einsetzen? In welchen Situationen wirst du diese Technik nutzen?

★ Beispiele

Sprich die Struktur für ein neues Kapitel auf Band und sammle Ideen für den inhaltlichen Aufbau.

Diktiere den nächsten Absatz deiner Studienarbeit – versuche dabei, möglichst klar und einfach zu formulieren.

Schalte die Atuokrorektur ein!

✿ Technik

Die meisten Textverarbeitungsprogramme haben eine integrierte Autokorrekturfunktion. Dieser Mechanismus erkennt und markiert Schreibfehler. Je
nach vorgenommener Einstellung kann diese Funktion auch automatische
Verbesserungen durchführen. So werden kleingeschriebene Satzanfänge
automatisch in Großbuchstaben umgewandelt, doppelte Punkte gestrichen
uvm. Diese Funktion ist grundsätzlich hilfreich im Kampf gegen Schreibblockaden, weil sie das Zurückspringen im Text (um Fehler zu beheben)
reduziert. Außerdem musst du nicht mühsam nach Fehlern suchen, weil
diese schon vom Programm markiert wurden.

Leider arbeiten Autokorrekturen nicht immer fehlerfrei. In einigen Situationen erkennen sie fremdsprachige Begriffe und Fachworte nicht oder sie
nehmen gar falsche Korrekturen vor. Insgesamt überwiegt allerdings der
positive Nutzen. Zusätzlich zur Autokorrektur kannst du zudem die sogenannten „Shortcuts" in deinem Textverarbeitungsprogramm verwenden.
Shortcuts sind Kurzbefehle (meist in Form von bestimmten Tastenkombi-
nationen), mit deren Hilfe du Formatierungen, Sonderzeichen oder ganze
Wörter einfügen kannst. Auf diese Weise sparst du viel Zeit und verbesserst deinen Schreibfluss.

✐ Anleitung

Mach dich mit der Autokorrekturfunktion deines Textverarbeitungsprogramms vertraut und arbeite mit dieser Funktion! Welche Fehler kannst du
auf diese Weise vermeiden? Wie musst du die Einstellungen anpassen?
Welche Shortcuts kannst du für deine Studienarbeit nutzen?

★ Beispiele

Schalte die Autokorrektur ein – sieh dir in den Einstellungen jedoch genau
an, was automatisch verbessert wird.

Nutze Shortcuts für Formatierungen, wie zum Beispiel für geschützte Leer-
zeichen, Absätze oder Seitenumbrüche.

Nutze Shortcuts für Sonderzeichen, wie zum Beispiel für das Euro-Symbol,
Formelzeichen oder häufig genutzte Einheiten.

Verwalte deine Literaturquellen!

✿ Technik

Der Einsatz von Literaturverweisen und Quellenangaben ist ein wichtiger Bestandteil des wissenschaftlichen Schreibens. Zitate, Kennzahlen und jegliche fremden Inhalte müssen als solche gekennzeichnet werden. Je nach Studienrichtung gibt es dafür unterschiedliche Schreibweisen: Fußnoten, Endnoten oder Klammern im Fließtext sind die Varianten, die am häufigsten zu finden sind. Unabhängig davon, auf welche Schreibweise du zurückgreifen musst, solltest du die Verwaltung deiner Literaturquellen professionalisieren und automatisieren. Dazu eignen sich sogenannte Literaturverwaltungsprogramme.

Diese Programme kannst du dir wie eine Adressdatenbank vorstellen, in der du deine verwendeten Literaturquellen anlegst. Durch die Verknüpfung mit deinem Textverarbeitungsprogramm kannst du nun mit wenigen Klicks eine Quellenangabe in deinen Text einfügen. Der große Vorteil: Die Reihenfolge deiner Quellen wird automatisch angepasst und aktualisiert. Außerdem kannst du ein Inhaltsverzeichnis generieren, das deine Literaturquellen nach einem vorgegebenen Muster einfügt. Häufig ist für die Nutzung dieser Software-Lösungen eine kurze Einarbeitung erforderlich. Der Aufwand lohnt sich jedoch, weil du mithilfe dieser Programme sehr viel Zeit beim Einpflegen und Anpassen deiner Quellen sparst. Außerdem kannst du Fehler vermeiden und sehr schnell neue Verweise in deine Studienarbeit integrieren. All das ist förderlich für deine Schreibarbeit und lässt Blockaden gar nicht erst entstehen.

✐ Anleitung

Informiere dich, welche Literaturverwaltungsprogramme an deiner Hochschule bevorzugt werden – und arbeite dich in diese Software ein. Liegen bereits Lizenzen vor? Gibt es Handbücher oder Video-Tutorials? Nach welchem Muster kannst du deine Quellen anlegen?

★ Beispiele

In der Regel stellen Hochschulen Lizenzen für die von ihnen bevorzugten Literaturverwaltungsprogramme bereit. Informiere dich daher zunächst bei deiner Uni oder schau dich auf der Website deiner Hochschulbibliothek um. Zu den aktuell bekanntesten Programmen zählen beispielsweise Citavi, Endnote oder Zotero.

Verwende ein Synonym-Wörterbuch!

✿ Technik

Viele Studentinnen und Studenten haben Schwierigkeiten damit, beim Schreiben die richtigen Worte zu finden. Sie suchen minutenlang nach einem passenden Begriff und torpedieren damit ihren Schreib-Flow – oder lassen diesen Zustand gar nicht erst entstehen. Außerdem sehnen sie sich nach Abwechslung. Sie wollen nicht ständig die gleichen Nomen, Verben und Adjektive benutzen. Zwar geht es bei deiner Studienarbeit nicht darum, einen Schönheitspreis für besonders kunstvolle Textgestaltung zu gewinnen – doch wenn jeder Satz gleich anfängt, jede Grafik etwas „darstellt" und ständig von den „Ergebnissen" die Rede ist, verliert dein Text an Strahlkraft. Zudem bremst der Drang nach Variation deinen Schreibprozess, weil du unterbewusst häufig verwendete Worte vermeidest und deine Sätze künstlich umstellst. Synonym-Wörterbücher helfen dir in solchen Situationen.

Ein (gedrucktes oder digitales) Synonym-Wörterbuch ist eine Begriffssammlung, die zu einem bestimmten Stichwort weitere Ausdrücke (Synonyme) auflistet, die die gleiche oder zumindest eine ähnliche Bedeutung haben. Mit diesem Werkzeug kannst du deine Sprache variantenreicher gestalten und schneller eine treffende Bezeichnung finden. Anstelle von „darstellen" kann deine Grafik zum Beispiel etwas zeigen, erklären, präsentieren, deutlich machen, verdeutlichen, beschreiben, illustrieren usw. Die Synonyme können dich zudem inspirieren und helfen dir so dabei, dein aktuelles Thema aus einer neuen Perspektive zu betrachten.

✎ Anleitung

Variiere die Sprache in deiner Studienarbeit, indem du ein Synonym-Wörterbuch einsetzt! Welche Begriffe nutzt du sehr häufig? Hast du Verben oder Adjektive verwendet, mit denen du nicht zufrieden bist? Welche feststehenden Begriffe solltest du nicht variieren?

★ Beispiele

Woxikon: www.woxikon.de

OpenThesaurus: www.openthesaurus.de

Duden: www.duden.de/woerterbuch

Setze Projektmanagement-Software ein!

✿ Technik

Eine Studienarbeit ist ein umfangreiches Projekt. Wie wichtig eine strategische Herangehensweise und eine kluge Planung dabei sind, haben wir bereits im Kapitel *Organisation* verinnerlicht. Wenn du beim Verfassen deiner Studienarbeit nicht den Überblick behältst und deinen Schreibprozess systematisch managst, besteht die Gefahr, dass du dich verzettelst und so Schreibblockaden auf den Plan rufst. Mithilfe einer Projektmanagement-Software kannst du deinen Planungsprozess professionalisieren und deine Schreibeinheiten effizient koordinieren.

Unter „Projektmanagement-Software" kannst du dir Programme vorstellen, die dir dabei helfen, komplexe Aufgaben zu verwalten. Du kannst Ziele definieren und diese in Teilaufgaben zerlegen. Außerdem kannst du To-dos auflisten, Deadlines bestimmen und eine Erinnerungsfunktion nutzen. So behältst du den Fortschritt deiner Studienarbeit stets im Blick und kannst alle wichtigen Informationen an einem Ort zusammenführen. Ein weiterer Vorteil besteht darin, dass du Projekt-Teams bilden kannst. Auf diese Weise kannst du dich mit deinen wissenschaftlichen Betreuern oder Betreuerinnen austauschen und Daten oder Entwürfe mit ihnen teilen. Das Organisieren deiner Studienarbeit wird so erheblich erleichtert.

✎ Anleitung

Verschaffe dir einen Überblick über verschiedene Projektmanagement-Software-Lösungen – und entscheide dich für eine Version! Wie kannst du deine Studienarbeit mithilfe des Programms organisieren? Welche Funktionen unterstützen deinen Schreibprozess? Wie kannst du eine Überorganisation vermeiden?

★ Beispiele

Trello: www.trello.com/de

Evernote: www.evernote.com/intl/de

Asana: www.asana.com/de

Lege dir ein Fidget Tool zu!

✿ Technik

Wissenschaftliches Schreiben erfordert ein hohes Maß an Konzentration. Wenn du es aber nicht gewohnt bist, über mehrere Stunden fokussiert an einem Text zu arbeiten, ist es schwierig, dauerhaft mit den Gedanken bei deiner Studienarbeit zu bleiben. Mit anhaltender Schreibdauer stellt sich dann häufig eine innere Unruhe ein, die sich durch nervöses Wippen auf dem Stuhl, wackelnde Beine oder Fingertrommeln äußert. Eine ungewöhnliche, aber wirksame Methode, um diese Symptome zu verhindern und lange konzentriert zu bleiben, besteht darin, die eigenen Hände beschäftigt zu halten. Insbesondere Menschen mit einem Aufmerksamkeitsdefizit machen sich diesen Effekt sehr erfolgreich zunutze – indem sie sogenannte „Fidget Tools" einsetzen.

Fidget Tools sind kleine Gegenstände, mit denen du während der Denk- und Schreibarbeit herumspielen kannst. Die bekanntesten Vertreter sind die Fidget Spinner (dreiarmige Handkreisel), die mit den Fingern angestoßen und dann auf der Hand balanciert werden können. Wenn du diese Tools einsetzt, kann das deinen Stresslevel beim Schreiben senken und deine Konzentration fördern. Du schaffst sozusagen eine absichtliche Ablenkung, die sich allerdings nicht negativ auf deine Leistungsfähigkeit auswirkt, sondern vielmehr deine Unruhe produktiv kanalisiert.

✏ Anleitung

Lege dir ein Fidget Tool zu und integriere es in deinen Schreibprozess! Wie kannst du dein Spielzeug einsetzen, damit es deine Konzentration fördert? In welchen Phasen verspürst du einen großen Bewegungsdrang? Besteht die Gefahr, dass dich dein Fidget Tool eher ablenkt?

★ Beispiele

Neben modernen Fidget Tools wie dem Fidget Spinner und dem Fidget Cube kannst du auch auf herkömmliche „Schreibtischspielzeuge" wie Stressbälle zurückgreifen. Für den Notfall kannst du deine Hände auch mit einem Stift oder einem Schmuckstück beschäftigen.

Schalte Ablenkungen aus!

✿ Technik

Hast du deinen Fokus beim Schreiben erst einmal gefunden, musst du ihn gegen äußere Störungen verteidigen. Dazu ist es gelegentlich sinnvoll, sich von der Außenwelt abzuschotten. Wie das funktioniert, hast du bereits im Kapitel *Umfeld* gelernt. Ohrstöpsel und geräuschreduzierende Kopfhörer sind nützliche Werkzeuge, die du gegen akustische Ablenkungen einsetzen kannst. Doch manchmal reicht das nicht aus. Dank des Internets leben wir zwar in einer Zeit der unbegrenzten Möglichkeiten, allerdings hat das Ganze einen großen Haken: Wir leben auch in der Zeit der unbegrenzten Ablenkungen. YouTube, WhatsApp und Co. sind in der Rangliste der größten Produktivitätskiller ganz vorne mit dabei. Dein Smartphone und dein Computer halten unendlich viele Informationen für dich bereit und warten nur darauf, dass du deine Arbeit unterbrichst, um die neuesten Neuigkeiten zu checken oder deine Freunde zu stalken.

Der einfachste und effektivste Weg, um diese Online-Störquellen zu meiden, ist eine konsequente digitale Abschottung. Erteile dir selbst ein Smartphone- und Browser-Verbot oder nutze Apps, die deine Online-Dienste für eine kurze Zeitspanne blockieren – damit sie nicht dich blockieren. Die Kernfunktion dieser Software-Lösungen ist die vorübergehende Begrenzung oder Sperrung des Internetzugangs oder einzelner Seiten. Das heißt: Wenn du die Programme installierst und benutzt, kapseln sie dich vom Internet ab. Du wirst gezwungen, offline zu arbeiten und dich auf deinen Text zu konzentrieren.

✎ Anleitung

Vermeide Ablenkungen und setze Fokus-Software ein, während du an deiner Studienarbeit schreibst! Welche Apps benutzt du besonders häufig? Welche Webseiten besuchst du sehr oft? Wie kannst du dein Online-Verhalten besser steuern?

★ Beispiele

Cold Turkey: www.getcoldturkey.com

RescueTime: www.rescuetime.com

WriteMonkey: www.writemonkey.com

Schreibe wie ein Höhlenmensch!

⚙ Technik

Es gibt Schreibblockaden, gegen die das funktionalste und modernste Werkzeug nichts ausrichten kann. Manchmal finden sich wissenschaftliche Schriftstellerinnen und Schriftsteller angesichts der vielen Apps, Plug-ins oder Add-ons in einer Situation wieder, in der sie vor lauter blinkenden Icons keinen geraden Satz mehr zu Papier bringen. Was dann helfen kann, ist radikaler Minimalismus. Natürlich gibt es eine Vielzahl hilfreicher Schreibwerkzeuge – doch wenn das Überangebot der verfügbaren Optionen dafür sorgt, dass du durchgehend abgelenkt wirst und nicht mehr fokussiert denken kannst, musst du die entgegengesetzte Richtung einschlagen: Verzichte auf jede Form von Unterstützung und besinne dich auf das Wesentliche des Schreibens.

Viele erfolgreiche Autorinnen und Autoren verfolgen diesen Back-to-the-basics-Ansatz. Einige benutzen nicht einmal einen Computer und schreiben stattdessen mit einer Schreibmaschine oder gar mit Stift und Papier. Andere verwenden Tinte oder skizzieren ihre Kapitelstruktur mit Kreide an der Zimmerwand. Joanne K. Rowling, Stephen King und George R. R. Martin sind für ihre puristische Arbeitsweise bekannt. Indem sie den Schreibprozess so weit vereinfachen, dass es nur noch um das geschriebene Wort geht, werden sie produktiv und kreativ. Vielleicht ist das auch eine Strategie für dich.

✏ Anleitung

Verzichte beim Schreiben auf Hilfsmittel und reduziere die Anzahl deiner Werkzeuge auf ein Minimum! Welche Programme und Apps lenken dich beim Schreiben eher ab? Wie kannst du solche Ablenkungen reduzieren? Könntest du 30 Minuten lang ohne Internet und Strom an deiner Studienarbeit arbeiten?

★ Beispiele

Schalte dein Internet aus und schreibe offline.

Fahre deinen Computer herunter und schreibe mit Stift und Papier.

Schreibe Notizen auf eine Tafel oder ein Whiteboard.

Kapitel 11

Externe Hilfe

◁ Einleitung

Beim Schreiben bist du nicht auf dich allein gestellt. Natürlich ist die meiste Schreibarbeit eine Einzelleistung am Schreibtisch – doch den Weg zur fertigen Studienarbeit musst du nicht allein zurücklegen. Viele junge Autorinnen und Autoren denken jedoch, dass sie keinerlei Hilfe in Anspruch nehmen dürfen. Grundsätzlich stimmt das auch: Du darfst deine Arbeit nicht von einer Kommilitonin oder einem guten Freund schreiben lassen. Aber darum geht es hier nicht. Mit „externer Hilfe" ist vielmehr ein produktives Netzwerk von Unterstützern gemeint: Personen, die dir einen Rat geben, dich anleiten oder dir Mut zusprechen. Anstatt isoliert in deinem Zimmer zu sitzen und deinen Text auszubrüten, kannst du deine Gedanken und Probleme mit anderen Menschen teilen. Dadurch erhältst du kostbares Feedback, neue Perspektiven und hilfreiche Lösungsansätze für deine Schreibblockaden. Wie du dabei am besten vorgehst und welche Möglichkeiten am vielversprechendsten sind, lernst du in diesem Kapitel.

♀ Tipps

Deine Studienarbeit ist Teil deiner akademischen Ausbildung – und der größte Lerneffekt stellt sich ein, wenn du dich mit anderen Menschen austauschst. Besonders empfehlenswert sind die folgenden Personen und Institutionen:

- ✔ Bitte deinen Betreuer um Hilfe!
- ✔ Befrage externe Wissenschaftler!
- ✔ Finde fachliche Mentoren!
- ✔ Wende dich an deine Hochschule!
- ✔ Tausche dich mit Kommilitonen aus!
- ✔ Suche dir einen Schreib-Buddy!
- ✔ Vernetze dich online!
- ✔ Beziehe deine Familie und Freunde mit ein!
- ✔ Engagiere einen Schreib-Coach!
- ✔ Beauftrage (k)einen Ghostwriter!

Bitte deinen Betreuer um Hilfe!

✿ Technik

Jede Studienarbeit wird von einer oder mehreren Personen betreut. An erster Stelle stehen dabei deine Prüferinnen und Prüfer. Das sind in der Regel prüfungsberechtigte Menschen an deiner Hochschule; typischerweise Professorinnen und Professoren. Es hängt von der Größe deiner Universität und der Ausrichtung des Lehrstuhls ab, ob du direkt mit deinen Prüfern in Kontakt treten kannst. Häufig reicht es schon, wenn du dazu eine kurze E-Mail mit einer Terminanfrage sendest oder beim jeweiligen Sekretariat anrufst. Erfahrungsgemäß nehmen die Lehrstuhlbosse ihre Verpflichtungen in Bezug auf Studienarbeiten sehr ernst und können dir somit nützliche Ratschläge geben.

Allerdings sind ihre Verfügbarkeiten sehr eingeschränkt, sodass du von ihnen keine ausschweifenden Diskussionen über fachliche Themen erwarten kannst. Deswegen delegieren Prüfer die umfassende Betreuungsarbeit häufig an ihre Assistentinnen und Assistenten. Für alle Fragen bzgl. deiner Studienarbeit kannst du dich an einen wissenschaftlichen Mitarbeiter wenden. Diese Ansprechpartner können sich deutlich mehr Zeit für dich nehmen und dir insbesondere bei Schreibblockaden hilfreiche Impulse geben.

✐ Anleitung

Schreibe dem Betreuer deiner Studienarbeit eine E-Mail und bitte um einen Termin zur Diskussion deiner bisherigen Ausarbeitung! Bereite für diese Besprechung konkrete Fragen vor. An welchen Stellen kommst du beim Schreiben nicht weiter? Bei welchen Passagen bist du dir unsicher? Welche Themen sind das Spezialgebiet deines Betreuers?

★ Beispiele

Nimm Kontakt zu deiner Prüferin oder zu deinem Prüfer auf und stelle die Gliederung deiner Studienarbeit vor.

Frage deine Betreuerin, ob sie einen Abschnitt deiner Studienarbeit lesen und vorab bewerten kann.

Hole dir einen Tipp von deinem Betreuer zur Einleitung für ein wichtiges Kapitel deiner Studienarbeit.

Befrage externe Wissenschaftler!

✿ Technik

Bei fachspezifischen Anliegen oder konkreten inhaltlichen Problemen beim Verfassen deiner Studienarbeit kannst du auch nach Unterstützung außerhalb deines Lehrstuhls suchen. Bei grundsätzlichen Fragestellungen und allgemeinen Problemen ist es zwar empfehlenswert, zunächst deinen zugewiesenen Betreuer zu kontaktieren – dennoch kann es manchmal sinnvoll sein, eine zweite Meinung oder eine andere Perspektive einzuholen. Falls du beispielsweise ein bestimmtes Thema nicht verstehst oder Probleme mit einer konkreten Auswertungsmethode hast, lohnt es sich, entsprechende Experten zu kontaktieren.

Diesen findest du bspw. über Forschungsnetzwerke wie ResearchGate, über wissenschaftliche Suchmaschinen wie Google Scholar oder mithilfe einer einfachen Online-Recherche. Vielleicht kann dir deine Betreuerin oder dein Betreuer auch Hinweise zu interessanten Kontakten geben. Dabei spielt es keine Rolle, ob die Wissenschaftler am Lehrstuhl nebenan, in einem angrenzenden Bundesland oder auf dem Campus am anderen Ende der Welt herumlaufen. Entscheidend sind ihre Arbeitsschwerpunkte und ihr jeweiliges Know-how.

✐ Anleitung

Nimm Kontakt zu einem Wissenschaftler oder einer Wissenschaftlerin außerhalb deiner Hochschule auf und stelle dieser Person eine konkrete Frage zu deiner Studienarbeit! Wie könnte dir diese Person weiterhelfen? Wie passt ihr Forschungsschwerpunkt zu deiner Arbeit?

★ Beispiele

Nimm Kontakt zu einem anderen Lehrstuhl deiner Hochschule auf, der sich mit einem Arbeitsschwerpunkt befasst, der zu deiner Studienarbeit passt.

Schreibe der Autorin eines Fachartikels und stelle ihr eine konkrete inhaltliche Frage zu ihren publizierten Ergebnissen.

Erkundige dich bei deiner Betreuerin, welche „externen Experten" sie dir empfehlen kann, um dein Wissensnetzwerk zu erweitern.

Finde fachliche Mentoren!

✿ Technik

Ohne Wenn und Aber: Deine Studienarbeit muss wissenschaftlichen Standards entsprechen. Das heißt jedoch nicht, dass du dich während deines Schreibprozesses durchgehend in einer Wissenschaftsumgebung aufhalten musst. Erstens kann eine zu einseitige Umgebung deine Gedanken blockieren und zweitens haben viele Arbeitsthemen einen nicht unerheblichen Praxisbezug. Daher ist es sinnvoll, wenn du dir neben wissenschaftlichen Bezugspersonen auch fachliche Mentoren aus der Wirtschaft und aus anderen Lebensbereichen suchst. Damit sind Personen gemeint, die sich mit dem Thema deiner Studienarbeit auskennen oder einen ähnlichen Arbeitsschwerpunkt haben: Manager, Produktionsleiterinnen, Lehrer, Ärztinnen, Richter, Museumsbetreiber, Krabbenfischerinnen. Die Möglichkeiten sind grenzenlos. Wichtig ist nur, dass deine Mentoren über Erfahrung in ihrem Fachgebiet verfügen und dieses Wissen teilen dürfen.

Dabei brauchst du nicht übertrieben schüchtern zu sein: Viele erfahrene Menschen freuen sich, wenn sie der jüngeren Generation helfen können. Sie geben ihr Wissen gerne weiter und fühlen sich häufig sogar geehrt, dass ihre Expertise gefragt ist. Nicht selten kommen auf diese Weise langjährige Verbindungen zustande, aus denen sich im besten Fall später eine Freundschaft oder Zusammenarbeit ergibt. Falls deine erste Recherche nach einem fachlichen Mentor keine oder nur wenige Treffer ergeben hat, ist eine Suche über Karrierenetzwerke wie XING oder LinkedIn empfehlenswert.

✎ Anleitung

Finde einen fachlichen Mentor, der zu dem Schwerpunkt deiner Studienarbeit passt! Für welche Branchen ist dein Thema relevant? Bei welchen Problemen könnte dir dein Mentor helfen? Welche konkreten Fragen kannst du ihm oder ihr stellen?

★ Beispiele

Gib ein konkretes Stichwort aus dem Titel deiner Studienarbeit in die Suche bei LinkedIn oder XING ein und stöbere nach passenden Kontakten.

Finde heraus, welche Institutionen oder Unternehmen mit deinen Prüfern kooperieren und mit ihnen gemeinsame Forschungsprojekte bearbeiten.

Wende dich an deine Hochschule!

✿ Technik

Viele Hochschulen verfügen über ein umfangreiches Informations- und Hilfsangebot für das Verfassen von Studienarbeiten. Dazu zählen häufig wissenschaftliche Schreibkurse, Formatvorlagen, Recherche-Tools oder Software-Lizenzen für Spezialprogramme. Die meisten Hilfestellungen sind zudem kostenlos. Leider sind solche Möglichkeiten nicht allen Studentinnen und Studenten bekannt. Um genau zu sein, weiß ein Großteil der Studierendenschaft nicht, auf welch umfangreiches Wissensnetzwerk sie zurückgreifen könnte. Hinzu kommt: Die Angebote der Hochschulen unterscheiden sich zum Teil erheblich voneinander.

Während an der einen Uni Schreibkurse von der Bibliothek organisiert werden, übernimmt an einer anderen Hochschule das Sprachenzentrum diesen Part. Aus diesem Grund musst du dich zunächst mit der Struktur und Aufgabenverteilung deiner Hochschule vertraut machen. Der Aufwand lohnt sich jedoch: Viele Angebote deiner Hochschule vermitteln dir praxisnahe Tipps, mit denen du viel Zeit und Nerven sparen kannst. Außerdem musst du dir viele grundlegende Schreibtechniken nicht selbst beibringen und vermeidest Fehler. Dies verbessert nicht nur deinen Schreibfluss, sondern wird sich auch in deiner Note widerspiegeln.

✎ Anleitung

Verschaffe dir einen Überblick über das Angebot deiner Hochschule rund um das Verfassen von Studienarbeiten! Welche Angebote kannst du sofort wahrnehmen? Welche Maßnahme würde dir am meisten helfen? Hat dein Betreuer eine Empfehlung für dich?

★ Beispiele

Stöbere auf der Website deiner Hochschulbibliothek nach Informationsangeboten zu den Themen „wissenschaftliches Schreiben" und „Literaturrecherche".

Leihe dir ein Buch über das wissenschaftliche Schreiben von Studienarbeiten aus.

Belege einen Schreibkurs an deiner Hochschule.

Tausche dich mit Kommilitonen aus!

✿ Technik

Als Einzelkämpfer hast du es im Studium schwer – das gilt ganz besonders in Bezug auf die Anfertigung deiner Studienarbeit. Wenn du dich ausschließlich mit dir selbst beschäftigst, wirst du niemals so erfolgreich sein wie mit einem starken Netzwerk aus Gleichgesinnten. Allein verzettelst du dich, übersiehst Verbesserungspotenziale und bleibst mit Sicherheit unter deinen Möglichkeiten. Tausche dich deshalb regelmäßig mit deinen Kommilitonen über deine Studienarbeit aus. Teile mit ihnen deine Erfahrungen, höre dir ihre Meinungen an und versuche, von ihnen zu lernen. Betrachte diesen Prozess als ein großes Geben und Nehmen, das dazu führt, dass jeder Einzelne von euch am Ende profitiert und besser wird.

Insbesondere Kommilitonen, die schon in einer ähnlichen Situation wie du waren oder sind, können eine sehr wertvolle Hilfe sein. Wenn es zum Beispiel um inhaltliche Aspekte deiner Studienarbeit geht, wenn dich Probleme im Schreibprozess plagen oder wenn du einfach über deine Sorgen sprechen möchtest, sind solche Kontakte unbezahlbar. Solltest du an deinem aktuellen Hochschulstandort keine vertrauenswürdigen Kommilitonen vorfinden, kannst du dich auch an Studenten aus ähnlichen Fachbereichen von anderen Unis wenden. Manchmal bekommst du durch diesen Austausch eine neue Perspektive oder frische Impulse, die deine Schreibblockaden lösen können.

✎ Anleitung

Finde mindestens drei Kommilitonen, mit denen du dich regelmäßig über deine Studienarbeit austauschen kannst! Was kannst du von deinem Netzwerk lernen? An welchen Stellen können dir deine Kommilitoninnen helfen? Wie kannst du dich einbringen und etwas „zurückgeben"?

★ Beispiele

Finde heraus, welche Kommilitonen aus deinem Jahrgang aktuell an einer Studienarbeit schreiben – und vernetze dich mit ihnen.

Nimm über deine Fachschaft, ein Studentenforum oder eine andere lokale Einrichtung Kontakt zu älteren Kommilitonen auf, die bereits eine Studienarbeit in deinem Fachgebiet verfasst haben.

Suche dir einen Schreib-Buddy!

✿ Technik

Während du an deiner Studienarbeit schreibst, sitzen parallel in ganz Deutschland tausende Studentinnen und Studenten ebenfalls vor ihrer Tastatur und versuchen, einen wissenschaftlichen Text anzufertigen. Du bist mit deinen Herausforderungen, Problemen und Ängsten also nicht allein. Noch besser als dieses Gemeinschaftsgefühl ist eine echte Verbindung, die dir beim Schreiben hilft. Genau an dieser Stelle setzt das Konzept des Schreib-Buddys an. Ein Schreib-Buddy ist eine Person, mit der du gemeinsam eine Studienarbeit oder einen anderen Text erstellst. Dabei schreibt jeder seinen eigenen Text – ihr haltet euch nur gegenseitig auf dem Laufenden, helft euch bei Schwierigkeiten und kontrolliert den Fortschritt eures Schreibpartners. Dieser enge Austausch führt dazu, dass ihr häufiger Bestleistungen abruft und euch nicht hängen lasst.

Im Team kommt ihr besser mit der Drucksituation zurecht. Es ist wie bei einer Lerngruppe während der Prüfungsvorbereitung: Ihr stellt euch gemeinsam einer großen Herausforderung – und das kann sich sehr positiv auf deine Motivation auswirken. Wenn dein Schreib-Buddy schreibt, musst du auch schreiben. Wenn ihr drei Seiten pro Tag vereinbart habt, kannst du zum vereinbarten Zeitpunkt nicht mit leeren Händen erscheinen. Dieser positive Gruppenzwang treibt dich an, verhindert unproduktiven Perfektionismus und verjagt deine Schreibblockade.

✎ Anleitung

Finde einen Schreib-Buddy und gründe eine produktive Zweckgemeinschaft zur Fertigstellung deiner Studienarbeit! Kennst du Kommilitonen, die aktuell einen wissenschaftlichen Text schreiben müssen? Welche Abmachungen könnt ihr treffen? Wie kontrolliert ihr euch gegenseitig?

★ Beispiele

Suche einen Schreib-Buddy aus deiner aktuellen Studienrichtung.

Suche einen Schreib-Buddy aus einem anderen Studiengang an deiner aktuellen Hochschule.

Suche einen Schreib-Buddy an einer anderen Hochschule.

Vernetze dich online!

⚙ Technik

Während die Betreuung deiner Studienarbeit an der Uni überwiegend auf einer persönlichen Ebene stattfindet, kannst du dich zusätzlich noch online mit möglichen Unterstützern vernetzen. Fast jede größere Hochschule bietet eigene Foren oder digitale Lernräume für Studenten an, die miteinander in Kontakt treten möchten. Auf diesen Online-Plattformen kannst du dich mit Gleichgesinnten in Arbeitsgruppen zusammenschließen und dich mit ihnen über das wissenschaftliche Schreiben oder über konkrete Themen zu deiner Studienarbeit austauschen. Spezielle Social-Media-Gruppen können ebenfalls einen interessanten Anlaufpunkt darstellen – allerdings werden solche Gruppen selten moderiert und es findet keine Qualitätskontrolle statt. Sei daher entsprechend vorsichtig und kritisch.

Auch Software-Tools wie Messenger- oder Videokonferenz-Dienste können für die gemeinsame Diskussion über eine Studienarbeit eingesetzt werden. Bei den meisten Programmen (wie beispielsweise Skype, Zoom, Microsoft Teams etc.) besteht neben dem direkten Austausch auch die Möglichkeit, gemeinsame Dokumente oder Präsentationen anzusehen. Je nach Software können diese ebenfalls parallel online bearbeitet werden. Auf diese Weise kannst du dich mit deiner Betreuerin oder deinem Betreuer austauschen, ohne dass du für das Treffen deinen Schreibtisch verlassen musst.

✎ Anleitung

Setze digitale Lösungen ein, um dich mit potenziellen Unterstützern für deine Studienarbeit zu vernetzen. Welche Angebote stellt deine Hochschule dafür zur Verfügung? Gibt es seriöse Anlaufstellen in den sozialen Medien? Kommen Videokonferenzen mit deinem Betreuer infrage?

★ Beispiele

Finde ein Forum oder eine offizielle Social-Media-Gruppe deiner Hochschule zum Thema „Wissenschaftliches Schreiben".

Tritt einer digitalen Gruppe bei, die zum Schwerpunkt deiner Studienarbeit passt.

Beziehe Familie und Freunde mit ein!

✿ Technik

Eine Studienarbeit bringt viele Schreiberlinge an ihre persönliche Belastungsgrenze – und darüber hinaus. Eine solche Ausnahmesituation führt häufig zur sozialen Isolation: Die Schriftsteller ziehen sich zurück und kapseln sich von ihrem gewohnten Umfeld ab. Der Kontakt zur Familie wird reduziert, Partnerschaften werden vernachlässigt und Treffen mit dem Freundeskreis bleiben aus. Der Grundgedanke hinter diesem Ansatz ist verständlich: Durch den Rückzug soll mehr Zeit zum Schreiben gewonnen und ein besserer Fokus sichergestellt werden. Doch dieser Plan geht nicht auf. Ohne zwischenmenschliche Kontakte fehlt ein Ausgleich zur täglichen Schreibarbeit, was mittel- und langfristig zu einem Leistungseinbruch führen kann. Außerdem bringt ein radikaler Rückzug häufig starke Schuldgefühle mit sich.

Eine viel bessere Strategie besteht darin, Familie und Freunde in deine Planung miteinzubeziehen. Indem du den wichtigen Menschen in deinem Leben von deiner Studienarbeit erzählst und ihnen deinen Schreibprozess schilderst, beteiligst du sie an deinem Projekt. Dadurch werden sie Verständnis zeigen, dir Freiräume zugestehen und dich bestenfalls sogar unterstützen.

✎ Anleitung

Integriere Menschen, die dir nahestehen, in deinen Schreibprozess! Wie kannst du Zeit für zwischenmenschliche Kontakte in deiner Planung berücksichtigen? Welche Menschen solltest du in deine Pläne einweihen? Wer kann dich möglicherweise unterstützen?

★ Beispiele

Erzähle deiner Familie von deiner Studienarbeit und weihe sie in deinen Zeitplan ein.

Beziehe deinen Partner oder deine Partnerin in deine Pläne ein, indem ihr gemeinsame Termine für Treffen und Unternehmungen festlegt.

Bitte deine Freunde um Verständnis, wenn du dich für einen bestimmten Zeitraum primär um deine Studienarbeit kümmern möchtest.

Engagiere einen Schreib-Coach!

✿ Technik

Bei besonders hartnäckigen Schreibblockaden, die sich über mehrere Wochen oder Monate hinziehen, kann es hilfreich sein, Spezialisten um Hilfe zu bitten. Es ist wie bei einer Grippe, der selbst mit den besten Hausmitteln nicht beizukommen ist: Spätestens nach mehreren Tagen Fieber suchst du ärztliche Hilfe auf. Von dem medizinischen Fachpersonal erhoffst du dir professionellen Rat und Medikamente, die deine Krankheit schnell heilen. In Bezug auf deine Studienarbeit kannst du ähnlich vorgehen und einen Schreib-Coach engagieren.

Schreib-Coaches sind Experten, die dir bei der handwerklichen Umsetzung deiner Studienarbeit helfen. Während dir ein fachlicher Mentor Hinweise auf inhaltlicher Ebene gibt, zeigt dir ein Schreib-Coach, wie du deinen Text aufbauen, Kapitel gliedern und Sätze konstruieren kannst. Er führt dich durch den Schreibprozess, kontrolliert deine Arbeit und beantwortet Fragen zu Form, Rechtschreibung und Grammatik. Eine bessere Medizin gegen Schreibblockaden gibt es nicht. Die Kosten werden nur leider nicht von deiner Krankenkasse übernommen: Professionelle Schreib-Coaches wie Schriftsteller, Autorinnen oder Lektoren bieten ihre Dienste für Stundensätze ab ca. 50 € an. Hochgerechnet auf deine Studienarbeit kann so ein kleines Vermögen zusammenkommen. Wäge daher gut ab, ob ein solches Investment für dich infrage kommt.

✎ Anleitung

Finde einen Schreib-Coach, der dich durch deine Studienarbeit begleitet! Welches Budget kannst du für einen Coach aufbringen? In welchen Bereichen benötigst du Hilfe? Lohnt sich das Investment für dich?

★ Beispiele

Vereinbare einen Termin mit einem wissenschaftlichen Schreibtrainer an deiner Hochschule.

Engagiere eine professionelle Lektorin für deine Studienarbeit.

Suche einen erfahrenen Schreib-Coach mit guten Referenzen.

Beauftrage (k)einen Ghostwriter!

✿ Technik

Ghostwriter sind Auftragsschreiber, die im Namen einer anderen Person einen Text verfassen. Du gibst diesen Menschen also ein Thema vor, legst den Umfang des Werkes fest und verhandelst einen Preis. Nach der vereinbarten Zeit erhältst du dann einen fertigen Text, den du frei verwenden kannst. Verlage oder prominente Persönlichkeiten lassen häufig Ghostwriter ihre Bücher schreiben, YouTuber und Comedians bekommen von ihnen ihre Gags – und auch einige Studentinnen und Studenten engagieren Ghostwriter für ihre Studienarbeiten. Manche Doktorarbeiten wurden sogar schon als derartige Fremdwerke enttarnt.

Per Definition ist es bei Studienarbeiten verboten, Texte von Dritten als eigene Leistung auszugeben. Viele Agenturen und Auftragsschreiber werben trotzdem damit, dass ihr Angebot „legal" sei und die gelieferten Werke nur als „Vorschlag" zu verstehen seien. Ich persönlich lehne Ghostwriting ab – und zwar in jeder Form. Es hat nichts mit einer eigenständigen Leistung zu tun und widerspricht meinem Verständnis von wissenschaftlicher Ethik. Dennoch wollte ich dich auf diese Möglichkeit hinweisen – entscheide selbst, ob du das Risiko wirklich tragen möchtest und moralisch zu solch einem fragwürdigen Schritt in der Lage bist. Ich persönliche rate davon ab.

✎ Anleitung

Lies in deiner Prüfungsordnung nach, welche Richtlinien für Texte von Dritten im Zusammenhang mit deiner Studienarbeit gelten! Informiere dich erst danach über einen möglichen Ghostwriting-Service. Kennst du Kommilitonen, die schon mit Ghostwritern gearbeitet haben? Wie kannst du die Qualität sicherstellen? Wie sehen die AGB der Ghostwriting-Agentur aus? Gibt es wirklich keine bessere Alternative, als deine Studienarbeit von jemand anderem schreiben zu lassen?

★ Beispiele

Für einen ersten Überblick reicht schon eine Google-Recherche mit Begriffen wie „Ghostwriter + Bachelorarbeit" oder „Masterarbeit schreiben lassen", um Ghostwriting-Anbieter zu vergleichen und den Markt zu sondieren. Von mir bekommst du keine Empfehlung – sorry.

Kapitel 12

Motivation

✐ Einleitung

Deine Studienarbeit ist ein Langzeitprojekt. Einen guten wissenschaftlichen Text schüttelst du nicht mal eben so aus dem Ärmel. Im Gegenteil: In der Regel ist es ein langer Weg, auf dem du Schritt für Schritt besser wirst und am Ende ein Ergebnis produzierst, auf das du noch jahrelang stolz sein kannst. Allerdings nur, wenn dir nicht mittendrin die Puste ausgeht. Die meisten Studentinnen und Studenten starten hochmotiviert mit ihrer Studienarbeit. Zuerst freuen sie sich auf ihr neues Projekt und brennen für ihr Thema – doch häufig erlischt dieses Feuer schon nach wenigen Tagen oder Wochen. Tägliche Verpflichtungen in Kombination mit unerwarteten Problemen und kniffligen Hindernissen vertreiben die anfängliche Euphorie. Im Prinzip ist eine Studienarbeit wie ein Marathon. Nur wenn du bis zum Ende durchhältst, kommst du ans Ziel und kannst dir eine Medaille abholen. Dazu ist es notwendig, dass du dich selbst antreibst und deine Motivation immer wieder neu entfachst. Und zwar für jeden noch so kleinen Schritt. Wie dir das gelingt, lernst du in diesem Kapitel.

♀ Tipps

Damit du während des Entstehungsprozesses deiner Studienarbeit motiviert bleibst und nicht mit Schreibblockaden kämpfen musst, kannst du auf die folgenden Techniken zurückgreifen:

- ✔ Unterzeichne einen Autorenvertrag!
- ✔ Belohne dich fürs Schreiben!
- ✔ Bestrafe dich fürs Nicht-Schreiben!
- ✔ Erzähle anderen von deinem Vorhaben!
- ✔ Beantworte Fragen!
- ✔ Fülle dein Dokument mit Blindtext auf!
- ✔ Schreibe nur fünf Minuten lang!
- ✔ Tracke deine Erfolge!
- ✔ Starte eine Kette!
- ✔ Gönn dir einen Cheat Day!

Unterzeichne einen Autorenvertrag!

✿ Technik

Viele Studentinnen und Studenten betrachten sich nicht als wissenschaftliche Autoren, sondern als Amateurschreiber. Sie trauen sich eine erfolgreiche Studienarbeit selbst nicht zu und gehen diese Herausforderung mit entsprechend wenig Professionalität an. Doch genau diese Einstellung verursacht Schreibblockaden. Mit einem kleinen psychologischen Trick kannst du diese Entwicklung umkehren und dich dauerhaft zum Schreiben motivieren: Schließe einen Autorenvertrag – und zwar mit dir selbst.

Alle professionellen Verlage schließen mit ihren Autorinnen und Autoren Verträge ab. Ein Vertrag bedeutet Sicherheit. Jeder Mensch, der solch ein Papier unterzeichnet, meint es ernst und geht damit eine langfristige Verbindung ein. Verträge sind in Stein gemeißelte Vereinbarungen; deutlicher kannst du deine Absichten nicht festlegen. Verstößt du gegen den Vertrag oder erfüllst du die vereinbarten Bedingungen nicht, begehst du Vertragsbruch. Du verlierst dein Gesicht. Du wirst zu einem gewöhnlichen Betrüger, dem man nicht einmal sein kaputtes Auto anvertrauen würde. Und gerade wegen dieser formalen und moralischen Verpflichtung funktionieren Verträge so gut bei Motivationsproblemen.

✒ Anleitung

Setze einen Autorenvertrag auf und unterschreibe ihn! Berücksichtige dabei alle wichtigen Rahmenbedingungen deiner Studienarbeit. Welchen Umfang soll deine Arbeit haben? Bis wann soll dein Text fertig sein? Welche Details darfst du nicht vergessen?

★ Beispiele

Ich, [hier Name einfügen],

werde meine Studienarbeit mit dem Titel „[hier Titel einfügen]"

im Umfang von [hier Seitenanzahl einfügen] Seiten

bis zum [hier Datum einfügen] fertigstellen.

[hier Unterschrift einfügen]

(Eine entsprechende Vorlage zum Ausdrucken findest du im Bonusmaterial, den Link dazu gibt es auf der letzten Seite dieses Buches.)

Belohne dich fürs Schreiben!

✿ Technik

Sobald du deine Studienarbeit erfolgreich beendet hast, warten wertvolle Credit Points und vielleicht sogar ein Studienabschluss auf dich. Diese Aussicht stellt an sich schon eine Motivation zum Schreiben dar – manchmal reicht das jedoch nicht. Die Schreibblockade interessiert es nicht, dass du in einigen Wochen eine gute Note erhältst oder vielleicht eine Bachelor-Urkunde dein Eigen nennen darfst. Eine Schreibblockade verschwindet erst bei einem konkreten Anreiz, der unmittelbar bevorsteht. Was du also brauchst, sind konkrete Anreizsysteme, die eine Initialzündung bei dir auslösen: Du brauchst eine Belohnung; eine Belohnung, auf die du dich freust und auf die du hinarbeiten kannst.

Sobald du ein (scheinbar) greifbares Ziel vor Augen hast, gibst du alles, um dieses zu erreichen. Eine Belohnung beflügelt dich und hilft dir dabei, deine Aufgaben ergebnisorientiert zu erledigen: Du legst Sonderschichten ein und gibst das eine entscheidende Prozent mehr. Sobald du für die Verwirklichung deiner Schreibziele eine konkrete Belohnung festgelegt hast, entwickelst du eine deutlich aggressivere Dynamik und arbeitest viel fokussierter an deinem Text. Die Belohnung muss dabei nicht einmal besonders groß oder teuer sein. Wichtig ist nur, dass sie in dir den tiefen inneren Wunsch weckt, das gesetzte Ziel unter allen Umständen erreichen zu wollen.

✎ Anleitung

Bestimme eine Belohnung für ein konkretes Schreibziel und halte diese schriftlich fest! Welche Belohnungen motivieren dich? Wie kannst du kleine Belohnungen in deinen Alltag integrieren?

★ Beispiele

Wenn ich heute einen Absatz schreibe, darf ich eine Folge meiner Lieblingsserie schauen.

Wenn ich bis Freitag Kapitel 4 fertigstelle, gehe ich mit meinen Freundinnen Sushi essen.

Wenn ich meine Studienarbeit bis zum 31.03. fertigstelle, gönne ich mir einen zweiwöchigen Urlaub am Mittelmeer.

Bestrafe dich fürs Nicht-Schreiben!

⚙ Technik

Einige wissenschaftliche Autorinnen und Autoren reagieren sehr positiv darauf, wenn ihnen Belohnungen für fertiggeschriebene Texte in Aussicht gestellt werden; andere können mit diesem Anreizsystem hingegen überhaupt nichts anfangen. Was dann hilft, sind Strafen. Wenn du mit Bestrafungen arbeitest, erhöhst du den Druck auf dich selbst. Du sorgst dafür, dass du Angst davor hast, dein gesetztes Schreibziel zu verfehlen – denn in diesem Fall würde dir die festgelegte Konsequenz drohen. Allerdings funktioniert das nur, wenn du deine Strafe ausreichend streng und unangenehm gestaltest.

Falls du dich mit fünf Minuten weniger Internet bestrafst oder im schlimmsten Fall die Chips beim Fernsehabend weglassen musst, wird dein Druckmittel keine große Wirkung entfalten. Das Gleiche gilt für übertrieben harte Strafen: Wenn du dir damit drohst, hungrig ins Bett zu gehen oder so lange kein Wasser zu trinken, bis du dein aktuelles Kapitel beendet hast, bestrafst du dich zwar, aber schadest dir gleichzeitig auch. Und das ist völlig sinnlos. Die Festlegung von Strafen ist ein Balanceakt: Deine Strafe muss dich motivieren, darf dich aber nicht vor Angst lähmen; sie muss wehtun, darf aber nicht ungerecht und schädlich für deine weitere Entwicklung sein. Finde daher einen guten Mittelweg.

✏ Anleitung

Bestimme ein konkretes Schreibziel und lege eine Strafe fest, falls du es nicht in der vorgegebenen Zeit erreichst! Welche Strafen motivieren dich? Was empfindest du als sehr unangenehm? Wie kannst du dich selbst unter produktiven Druck setzen?

★ Beispiele

Wenn ich heute nicht mindestens einen Absatz schreibe, darf ich meine Serie nicht weiterschauen.

Für jeden Tag, an dem ich nicht an meiner Studienarbeit schreibe, muss ich 10 € Strafe an einen Freund zahlen.

Falls ich bis Freitag nicht Kapitel 4 fertigstelle, habe ich das ganze Wochenende über Internetverbot.

Erzähle anderen von deinem Vorhaben!

✿ Technik

Grundsätzlich ist die Erstellung deiner Studienarbeit eine Abmachung zwischen dir und deiner Prüferin bzw. deines Prüfers an der Hochschule. Ist deine Studienarbeit einmal angemeldet, läuft die Bearbeitungszeit. Falls dir diese Form der Verbindlichkeit nicht reicht, kannst du zusätzlich noch sozialen Druck aufbauen, indem du anderen Menschen von deinen Plänen erzählst. Damit ist nicht gemeint, dass du wie ein Irrer durch die Straßen laufen und jedem Passanten deine Lebensgeschichte erzählen sollst. Besprich stattdessen deine Schreibpläne mit Personen, zu denen du eine besondere Beziehung hast. Erzähle ihnen, was du dir für deine Studienarbeit vorgenommen hast und wie du deine Ziele erreichen willst.

Sobald du anderen Menschen von deinem Vorhaben erzählt hast, wirst du viel intensiver an dessen Umsetzung arbeiten und sehr wahrscheinlich auch erfolgreich dabei sein. Du wirst alles dafür tun, um nicht als Schwätzer oder Großmaul dazustehen. Die Angst vor einem Gesichtsverlust gegenüber deinen Lieblingsmenschen wirkt sehr motivierend und lässt Schreibblockaden (wenn überhaupt) nur kurzfristig zu. Außerdem werden deine Mitwisser von Zeit zu Zeit nachfragen und sich nach dem aktuellen Stand deiner Arbeit erkundigen. Langanhaltende unproduktive Phasen sind durch diese freundlichen Erinnerungen kaum möglich.

✎ Anleitung

Lege ein langfristiges und ein kurzfristiges Schreibziel fest und erzähle anderen Personen davon! Welche Menschen möchtest du in deine Pläne einweihen? Vor wem möchtest du nicht dein Gesicht verlieren?

★ Beispiele

Erzähle deiner Familie von deiner Studienarbeit und teile ihr deinen Zeitplan mit.

Tausche dich mit Kommilitonen aus und erzähle ihnen von deinen Schreibzielen.

Erstelle ein Social-Media-Posting und teile so deinen Followern mit, wann du deine Studienarbeit fertigstellen wirst.

Beantworte Fragen!

⚙ Technik

Die meisten Schreibblockaden kommen bei Studienarbeiten dadurch zustande, weil nicht klar ist, wie ein neuer Absatz begonnen werden soll. Neben den Möglichkeiten aus dem Kapitel *Kapitelanfänge* gibt es noch eine weitere Technik, die bei dieser Problematik sehr hilfreich und motivierend sein kann: der Einsatz von Leitfragen. Anstatt ein neues Kapitel bei „null" anzufangen, überlegst du dir zunächst konkrete Fragen, die du auf den kommenden Seiten beantworten möchtest – und schreibst diese direkt in dein Dokument. Nun beantwortest du diese Fragen in Stichpunkten und formulierst anschließend ganze Sätze daraus. Zum Schluss löschst du die Fragen wieder und verbindest die einzelnen Fragmente.

Selbst wenn du mitten in einem Kapitel feststecken solltest, kann dir diese Fragetechnik helfen. Frage dich einfach: „Welche Informationen habe ich noch nicht erwähnt? Was ist noch wichtig? Auf welche Quellen sollte ich verweisen?" Unterbewusst gehst du beim wissenschaftlichen Schreiben ohnehin nach diesem Prinzip vor – warum also nicht mit voller Absicht auf dieses Mittel zurückgreifen? Hinzu kommt: Sobald du eine schriftliche Frage vor dir siehst, steigt deine Motivation, eine passende Antwort zu finden. Es ist wie in einer Klausur, nur dass dir jetzt viel mehr Zeit und alle nötigen Hilfsmittel zur Verfügung stehen.

✏ Anleitung

Formuliere Leitfragen für jedes Kapitel deiner Studienarbeit und versuche, diese im darauffolgenden Text zu beantworten! Welche zentralen Elemente kannst du in deinen Fragen wiedergeben? Welche Fragen eignen sich für jedes Kapitel? Kannst du die Fragen mit deiner Betreuerin diskutieren und abstimmen?

★ Beispiele

Auf welche Kernaussagen möchte ich hinarbeiten? Welchen Zweck erfüllt das Kapitel? Welche Grundlagen und Zusammenhänge muss ich erklären? Gibt es Quellen, Formeln, Statistiken oder Abbildungen, die ich in diesem Absatz erwähnen muss? Welche Sachfragen sollen in diesem Kapitel beantwortet werden? Welche Informationen dürfen nicht fehlen? Welche Inhalte möchte mein Betreuer in diesem Kapitel lesen?

Fülle dein Dokument mit Blindtext auf!

✿ Technik

Ein leeres Blatt ist für die meisten Studentinnen und Studenten ähnlich motivierend wie eine 8-Uhr-Vorlesung an einem Montagmorgen – nämlich gar nicht. Um das zu ändern, kannst du auf vorgefertigte Textschnipsel zurückgreifen und damit deine Studienarbeit füllen. Dein Dokument sieht dann voller aus und wirkt weniger bedrückend. Außerdem mogelst du so deinem Gehirn vor, dass der Großteil der Arbeit bereits erledigt ist und der Rest kein Problem mehr darstellt. Anfangsschwierigkeiten lassen sich so einfacher überwinden. Derartige Fertigtexte werden im Fachjargon als „Blindtext" bezeichnet. Dieser wird von Profis bei der Gestaltung von Publikationen verwendet, wenn die eigentlichen Inhalte noch nicht vorliegen.

Blindtext ist in vielen Varianten kostenlos im Internet verfügbar. Er besteht aus einer mehr oder weniger sinnlosen Folge von Wörtern, oft auch aus ausgedachten Silben. Das wohl bekannteste Beispiel ist der Text „Lorem ipsum". In den Beispielen unten findest du eine Auswahl an bekannten Blindtextgeneratoren. Die Textfragmente kannst du einfach kopieren, in dein Dokument einfügen und schon ist das Kapitel Lorem ipsum dolor sit amet, consectetuer adipiscing elit. Aenean commodo ligula eget dolor. Aenean massa. Cum sociis natoque penatibus et magnis dis parturient montes, nascetur ridiculus mus.

✎ Anleitung

Beginne ein neues Kapitel deiner Studienarbeit, indem du die vorher festgelegten Seiten mit Blindtext auffüllst! Wie lang sollen die einzelnen Abschnitte in etwa sein? Wie viel Text ist in jedem Unterkapitel vorgesehen? Kannst du ebenfalls Platzhalter für Grafiken oder Tabellen einfügen? Wie wirkt das gefüllte Dokument auf dich?

★ Beispiele

Blindtextgenerator: www.blindtextgenerator.de

Lorem Ipsum: www.lipsum.com

Dummy Text Generator: www.dummytextgenerator.com

Schreibe nur fünf Minuten lang!

✿ Technik

Eine Studienarbeit kann als Ganzes wie eine unüberwindbare Aufgabe wirken – insbesondere, wenn du dir den gesamten zeitlichen Aufwand bis zur Fertigstellung vor Augen führst. Derartige Betrachtungen sind alles andere als motivierend. Viel geschickter ist es, deine große Aufgabe in Teilschritte zu gliedern und den zeitlichen Umfang so bewusst kleiner darzustellen. Auf diese Weise kannst du deine Startschwierigkeiten überwinden. Bei fast allen Aufgaben ist der Anfang der schwerste Schritt – hast du diesen überwunden, geht es deutlich einfacher voran. Genau dabei hilft dir die Fünf-Minuten-Regel.

Bei dieser Methode legst du eine kleine, konkrete Schreibaufgabe fest und bearbeitest diese nur fünf Minuten lang. Danach hörst du damit auf und entscheidest, ob du weitermachst – oder eben nicht. Wenn du nach fünf Minuten absolut keine Lust mehr hast, dann hörst du einfach auf und machst etwas anderes. Der Trick an der Sache ist aber, dass du dich nach fünf Minuten sehr wahrscheinlich nicht zurückziehen wirst. Die meisten denken sich nämlich: „Jetzt habe ich einmal angefangen, dann kann ich auch weiterschreiben." Besonders bei komplexen und langen Texten ist die Fünf-Minuten-Regel sehr effektiv. Durch eine kleine und einfache Anfangshandlung kommst du in Schwung und lässt dich nicht (mehr) von deiner großen Herausforderung abschrecken.

✐ Anleitung

Wende die Fünf-Minuten-Regel an und schreibe nur fünf Minuten lang an deiner Studienarbeit! Welches Schreibziel kannst du in fünf Minuten erreichen? Wie sehen die einzelnen Schritte aus? Wie kannst du am besten vorgehen? Wie lassen sich diese Aufgaben schnell erledigen?

★ Beispiele

Schreibe fünf Minuten an einem neuen Absatz.

Beschreibe fünf Minuten lang eine Grafik.

Erläutere fünf Minuten lang die Versuchsergebnisse.

Tracke deine Erfolge!

✿ Technik

Eines der größten Motivationsprobleme im Zusammenhang mit deiner Studienarbeit ergibt sich dadurch, dass du zwar kontinuierlich an deinem Text arbeitest, aber kaum Fortschritte siehst. Du schreibst und schreibst und schreibst, aber hast dabei das Gefühl, nicht vom Fleck zu kommen. Aus diesem Grund ist es wichtig, dass du dir regelmäßig vor Augen führst, was du bisher schon erreicht hast. Sobald du deine Fortschritte visualisierst, fällt dir das Weitermachen deutlich leichter. „Goal Tracking" kann dir bei diesem Vorhaben helfen. Dazu teilst du deine große Studienarbeit in Zwischenschritte auf, weist jeder dieser Teilaufgaben ein konkretes Ziel zu und bringst diese Struktur zu Papier. Nun markierst du jedes erledigte Zwischenziel und machst deine Erfolge auf diese Weise sichtbar.

✎ Anleitung

Wende Goal Tracking an und visualisiere so deine Ziele und bisherigen Erfolge! Wie kannst du deine Schreibziele aufteilen? Was wäre die kleinste messbare Einheit? Was hast du bisher schon erreicht?

★ Beispiele

Die einfachste Form des Goal Trackings ist eine strukturierte To-do-Liste mit der folgenden Systematik:

- ☑ Kapitel 3.1
- ☑ Kapitel 3.2
- ☐ Kapitel 3.3
- ☐ Kapitel 3.4
- ☐ Kapitel 3.5

Eine häufig verwendete grafische Variante des Goal Trackings ist das sogenannte „Progress-o-meter", das an einen Ladebalken erinnert:

| Kapitel 3.1 | Kapitel 3.2 | Kapitel 3.3 | Kapitel 3.4 | Kapitel 3.5 |

Starte eine Kette!

✿ Technik

Den größten Erfolg beim Schreiben hast du dann, wenn du es regelmäßig tust. Dabei liegt die Betonung auf dem Wort „regelmäßig". Selbst kleine Schreibeinheiten entwickeln auf Dauer eine ungeheure Zugkraft und etablieren produktive Gewohnheiten in deinem Alltag – wenn du sie regelmäßig ausführst. Eine nützliche Technik, die diesen Prozess unterstützt, ist die sogenannte Kettenregel. Besorge dir dazu einen großen Wandkalender, auf dem ein Monat oder ein ganzes Semester abgebildet ist, und hänge ihn in deinem Zimmer auf. Nun arbeitest du kurz an deiner Studienarbeit und markierst diesen Tag anschließend mit einem großen X.

Wiederhole dieses Vorgehen an jedem weiteren Tag, an dem du etwas für deine Studienarbeit getan hast, und mach eine Markierung im Kalender. Nach ein paar Tagen hast du eine Kette – und wenn du weitermachst, wird diese von Tag zu Tag länger. Deine einzige Aufgabe ist jetzt nur noch, die Kette nicht zu unterbrechen. Du musst nicht zehn Stunden am Tag wie ein Verrückter schreiben, sondern nur deine Kette fortführen. Nicht mehr und nicht weniger. Dadurch erzeugst du eine ungeheure Motivation und entwickelst Gewohnheiten, die dich sicher ans Ziel führen.

✎ Anleitung

Etabliere mit der Kettenregel eine neue Schreibgewohnheit für deine Studienarbeit! Was kannst du heute noch für deine Studienarbeit tun? Wie lange wirst du schreiben? Zu welcher Zeit kannst du täglich schreiben?

★ Beispiel

So kannst du die Kettenregel anwenden:

 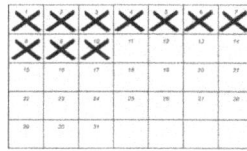 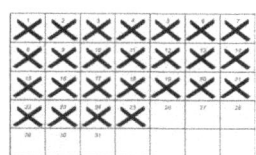

Tag 1   Tag 10   Tag 25

Gönn dir einen Cheat Day!

✿ Technik

Selbst mit der besten Organisation und einem glasklaren Fokus wird es Tage geben, an denen du dich nicht zum Schreiben motivieren kannst. Entweder weil du andere Aufgaben und Verpflichtungen vorziehen musst, dir ein unerwartetes Ereignis dazwischenfunkt oder du krankheitsbedingt ausfällst. In solchen Ausnahmesituationen solltest du nicht zwanghaft an deinen Schreibgewohnheiten festhalten. Schreibblockaden können nämlich auch dann entstehen, wenn du zu viel Druck ausübst und einen Text unter allen Umständen erzwingen möchtest. Für solche Tage, an denen nichts geht, wurde der Cheat Day erfunden.

Ein Cheat Day ist ein Tag, an dem du von einem gewohnten, produktiven Verhaltensmuster abweichen und bewusst gegen die sonst strengen Regeln verstoßen darfst. Was bei der Diät funktioniert, klappt auch bei deiner Studienarbeit: Anstatt konzentriert an deinem Text zu schreiben, darfst du an diesem Tag irgendetwas anderes tun. Schlafen, feiern, deine Freunde treffen, Alpakas züchten – egal was. Ohne schlechtes Gewissen und Schuldgefühle. Dadurch bündelst du deine schlechten Schreibgewohnheiten an einem Tag und bist den Rest der Woche motivierter als vorher. Außerdem bist du dir nicht böse, wenn du es einmal nicht geschafft hast, an deiner Studienarbeit zu schreiben. Beachte dabei nur die folgende Faustregel: Nicht zwei Mal hintereinander das Schreiben ausfallen lassen! Dann sind kleine Auszeiten völlig in Ordnung.

✐ Anleitung

Plane deinen nächsten Cheat Day und lege jetzt schon eine schöne Beschäftigung für diesen Tag fest! Wann kannst du eine Pause vom Schreiben gebrauchen? Was könntest du an diesem Tag tun? Wie stellst du sicher, dass du am nächsten Tag weiterschreiben wirst?

★ Beispiele

Nimm dir jeden Sonntag frei und erhole dich vom Schreiben.

Belohne dich immer dann mit einem Cheat Day, wenn du am Vortag ein Kapitel deiner Studienarbeit fertiggestellt hast.

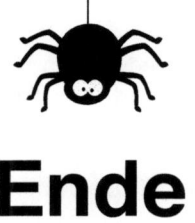

Ende

Infos zum Buch

Nie wieder Schreibblockade! ist kein normales Fachbuch, vollgestopft mit unverständlicher Theorie – es ist eine Sammlung praktischer Techniken, mit denen du schneller und besser schreiben kannst als je zuvor. Dieses Buch ist ein literarischer Arzneikoffer, mit dessen Hilfe du die unterschiedlichsten Schreibhemmungen behandeln und auskurieren kannst. Es handelt sich um eine Sammlung wirkungsvoller Methoden, die sich beim Entstehungsprozess zahlreicher wissenschaftlicher Texte bewährt haben. Die Strategien aus diesem Buch sind praxiserprobt und für den täglichen Einsatz geeignet. Das macht dieses Buch so wertvoll und einmalig. Eine bessere Hilfe, um deine Studienarbeit schnell und erfolgreich fertigzustellen, gibt es nicht.

Aber das ist noch nicht alles: Dieses Buch wurde von unserem kleinen *Studienscheiss-Verlag* fair und hochwertig produziert. Wir arbeiten mit regionalen Designern, Lektoren und Druckereien zusammen und lassen unsere Bücher komplett in Deutschland herstellen. Alle an der Produktionskette beteiligten Partner werden von uns fair behandelt – und bezahlt. Allesamt kleine und mittelständische Unternehmen, die mit Herzblut bei der Sache sind und mit denen wir ein gemeinsames Ziel verfolgen: wunderschöne Produkte zu erzeugen, die unsere Leserinnen und Leser glücklich machen.

Deswegen gibt es unsere gedruckten Bücher nur in hochwertigen Formaten, mit modernem Buchsatz und aus recyceltem Papier. Für schmalere Budgets bieten wir unsere E-Books zum deutlich reduzierten Preis an. Unsere Bücher entstehen unter nachhaltigen Produktionsbedingungen, schonen die Umwelt und fördern die regionale Wirtschaft. Und genau das unterstützt du, weil du dir dieses Buch zugelegt hast.

High five dafür!

Hol dir hier das Bonusmaterial zum Buch ab:

www.studienscheiss.de/bonus-schreibblockade

Über den Autor

Dr. Tim Reichel, Jahrgang 1988, ist Autor, Wissenschaftler und Unternehmer. Nach dem Abitur studierte er Wirtschaftsingenieurwesen an der RWTH Aachen und ist anschließend zur Promotion an der Uni geblieben. Dort betreut er seitdem industrienahe Forschungsprojekte und beschäftigt sich mit den Themen Nachhaltigkeit und Ressourceneffizienz. Seine Doktorprüfung (über nachhaltige Stahlerzeugung) an der Fakultät für Georessourcen und Materialtechnik schloss er im September 2018 ab.

Seit acht Jahren arbeitet Tim zudem als Fachstudienberater und Koordinator eines Prüfungsausschusses. Dabei coacht er Studenten, berät bei Schwierigkeiten im Studium und schreibt Prüfungsordnungen. Dank seines Netzwerks und der langjährigen Praxiserfahrung kennt er den Bürokratie-Dschungel der deutschen Hochschullandschaft wie seine Westentasche. Im Juni 2014 gründete Tim sein erstes Unternehmen: *Studienscheiss*. Mit dieser Plattform hilft er deutschlandweit tausenden Studierenden und Bildungsinteressierten dabei, glücklich und erfolgreich zu studieren, um in der späteren Berufswelt richtig gut zurechtzukommen.

Über die Jahre wuchs und veränderte sich *studienscheiss.de* stetig. Im Jahr 2016 wurde aus dem Start-up ein unabhängiger, kleiner Verlag. In seinem Blog veröffentlicht Tim regelmäßig Artikel zu den Themen Zeitmanagement, Motivation und Persönlichkeitsentwicklung. Dort gibt er auch Tipps, wie man den stressigen Alltag in den Griff bekommen, fokussiert arbeiten und sein Leben proaktiv gestalten kann. Mittlerweile sind dort mehr als 300 Artikel erschienen, die von über fünf Millionen Menschen gelesen wurden. *Nie wieder Schreibblockade!* ist Tims 15. Buch.

Das ist Tim

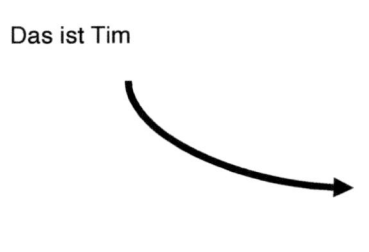

Dankeschön

Mein größter Dank gilt den wunderbaren Leserinnen und Lesern meines *Studienscheiss-Blogs*. Ohne euch und eure riesige Unterstützung gäbe es dieses Buch nicht. Vielen Dank für die unzähligen Klicks, Likes und Kommentare. Danke, dass ihr mich motiviert, kritisiert und immer wieder hinter mir steht. Ihr seid die beste Community, die es im deutschsprachigen Raum gibt und ich liebe es, für euch zu schreiben. Danke, dass ihr da seid!

Allein hätte ich dieses Buch niemals in dieser Qualität schreiben und verlegen können. Deswegen danke ich allen Menschen, die mir dabei geholfen haben. Mein besonderer Dank geht an: Sara, Hannah, Claudia, Katja, Melanie und Sajoscha.

Vielen Dank, dass ihr mich ertragen und in jeder schwierigen Situation unterstützt habt. Auch dann, wenn ich nervig und zickig war. Oder mich einfach nur blöd angestellt habe. Eure Verlässlichkeit, eure Geduld und euer Einsatz sind unglaublich wertvoll und alles andere als selbstverständlich. Ich weiß das wirklich zu schätzen – und danke euch allen von Herzen.

Tim Reichel, September 2020

Lesetipps

Bachelor of Time

Endlich entspannt studieren!

An der Uni lernst du kaum etwas über Zeitmanagement und produktive Selbstorganisation. Und das ist ein Riesenproblem! Aber keine Sorge: Du kannst selbst etwas daran ändern und dieses Buch wird dir dabei helfen. Um genau zu sein, zeige ich dir, wie du dein Zeitmanagement von Grund auf verbessern kannst und dein Studium so organisierst, dass du weniger lernen musst und gleichzeitig bessere Noten bekommst.

Deine Anleitung für ein erfolgreiches Studium!

Dazu gehen wir gemeinsam durch die sieben Kapitel (Semester) dieses Buches und sehen uns zunächst ein paar nützliche Konzepte und Methoden an, die deine Arbeitsweise ordentlich aufmöbeln werden.

Das sind die 6+1 Semester in deinem Bachelor of Time:

- ✔ Semester: Ziele festlegen
- ✔ Semester: Prioritäten setzen
- ✔ Semester: Pläne schmieden
- ✔ Semester: Endlich anfangen
- ✔ Semester: Produktiv werden
- ✔ Semester: Gewohnheiten aufbauen
- ✔ Bonus-Semester: Motiviert bleiben

Mit diesem Buch verbesserst du schnell und einfach dein Zeitmanagement im Studium. Du lernst, wie du deine Zeit optimal nutzen kannst und dauerhaft erfolgreich an der Uni wirst. Zusammen verschaffen wir dir den wichtigsten und nachhaltigsten Titel deiner jungen Karriere: deinen Bachelor of Time!

Mehr Zeit, weniger Stress – bessere Noten!

Hol dir jetzt den Bachelor of Time!

Lies die ersten 34 Seiten kostenlos:

www.studienscheiss.de/buecher

DOEDL-Methode

Nimm dein Studium selbst in die Hand!

Hast du dein Studium im Griff? Oder ist es andersherum? Viele Studentinnen und Studenten fühlen sich überfordert und wissen nicht, wie sie ihren Uni-alltag organisieren sollen. Wie auch? Es zeigt ihnen schließlich niemand! Aber damit ist jetzt Schluss: In diesem Buch lernst du, wie du zielorientiert und entspannt studieren kannst, ohne dich selbst auszubeuten.

Deine Anleitung für ein selbstbestimmtes Studium!

Dazu sehen wir uns Schritt für Schritt die fünf DOEDL-Prinzipien an und lernen die Strukturen kennen, die deine neue Arbeitsweise prägen werden.

Das sind die fünf Prinzipien der DOEDL-Methode:

- ✔ D wie Durchblicken
- ✔ O wie Organisieren
- ✔ E wie Einteilen
- ✔ D wie Durchführen
- ✔ L wie Loslassen

Mit der DOEDL-Methode wirst du zum perfekten Selbstmanager und be-kommst endlich das Studentenleben, das du verdienst.

Dabei ist es egal, ob du eher zu den Planungsfreaks gehörst oder lieber in den Tag hineinlebst – ab sofort hast du für jede Herausforderung in deinem Studium einen Plan in der Tasche.

Nimm dein Studium selbst in die Hand und starte richtig durch!

Hold dir jetzt die DOEDL-Methode!

Lies die ersten 42 Seiten kostenlos:

www.studienscheiss.de/buecher

Arschtritt-Buch

Nie wieder Motivationsprobleme beim Studieren!

Wenn es eine Sache gibt, mit der alle Studenten auf dieser Welt zu kämpfen haben, dann sind es Motivationsprobleme. Doch dagegen kannst du etwas tun und dieses Buch wird dir dabei helfen! Um genau zu sein, zeige ich dir 66 Wege, wie du dir beim Studieren selbst in den Arsch treten kannst und deine Aufschieberitis ein für alle Mal auskurierst.

Arschtritt gefällig?

Viele Studentinnen und Studenten haben eine volle Aufgabenliste und wollen eigentlich mehr für ihr Studium tun. Doch sie können sich nicht aufraffen und anstatt produktiv zu studieren, vertrödeln sie ihre Zeit mit Kleinkram. Im entscheidenden Moment fehlt ihnen das Gleiche, das auch dir so oft fehlt: der Impuls zum Anfangen – ein kleiner Arschtritt.

Dauerhaft motiviert bleiben!

In diesem Buch verrate ich dir die besten Methoden und Strategien, die ich während meiner langjährigen Arbeit mit Studenten gefunden habe, gebündelt in 66 Arschtritt-Lektionen. Und: Diese 66 Arschtritte bekommst du so serviert, dass du sie direkt ausprobieren und kinderleicht umsetzen kannst.

Es gibt keine theoretische Abhandlung über die wissenschaftlichen Hintergründe der Motivationslehre. Es gibt Praxistipps. Denn um den Arsch hochzukriegen, brauchst du Tipps, die wirklich funktionieren, und zwar beim Studieren.

Tritt dir selbst in den Arsch – und werde glücklich!

Arschtritt gefällig?
Hier gibt's 66 Stück davon!

Hold dir jetzt das Arschtritt-Buch!

Lies die ersten 37 Seiten kostenlos:

www.studienscheiss.de/buecher

Hol dir hier das Bonusmaterial ab:

www.studienscheiss.de/bonus-schreibblockade